읽기만 해도
복받는 톡

평범한 엄마가 건네는
C급 감성 톡 30개

글 김현정

산산산

 작가의 말

　나는 이 글을, 내 아들에게 보내는 톡이라고 생각하며 썼습니다. 조금은 늦은 말들이고, 예전엔 차마 꺼내지 못했던 이야기들이지만

　이제는 전해도 괜찮을 것 같았어요.

　다 지나간 이야기 같아 보여도, 누군가에겐 지금 꼭 필요한 말일 수 있습니다.

　저는 특별한 사람이 아닙니다.

　유명하지도 않고, 지식이나 인격이 뛰어난 사람도 아니에요. 그저 평범한 하루를 살아가는, 아주 보통의 엄마입니다.

　살다 보면 누구나 힘들고 지칠 때가 있지요.

　그럴 땐 현인들의 말에서 큰 위로를 얻기도 하지만,

　어떤 날엔 옆에 있는 누군가의 소박한 말한마디가 더 깊이 와닿을 때도 있더라고요.

　이 책에 담긴 톡들도 그런 마음에서 비롯되었습니다.

 작가의 말

평범한 사람이 겪고 느낀 이야기이기에,
또 다른 평범한 누군가에게는 오히려 더 따뜻하게 다가갈 수 있다고 믿습니다.
이 책에 실린 30개의 '읽기만 해도 복 받는 톡'은
내 일상에서,
내 마음 한구석에서 꺼낸,
아주 평범하지만, 진심 어린 이야기들입니다.
비록 '우리 집 이야기'일지 몰라도
읽는 이의 삶에도 포개지는 순간이 있기를 바랍니다.

30개의 톡들이
당신에게도 작은 복 씨앗으로 전해지기를 바라며,
정성껏 복주머니 안에 담아 건넵니다.

복 많이 받으세요.

#잔소리, 불안이 말이 되는 순간   6

#행운도 불운도 결국 사람에게서 온다   9

#선택하고 집중해야 하나라도 얻는다   12

#상상은 더하기, 잡생각은 빼기   16

#나만의 공간엔 그만한 가격이 있다   20

#산책냥이가 보여준 선물   24

#뭔가 이상할 땐, 잠시 멈추기   29

#완벽을 내려놓으면 얻을 수 있는 것   36

#휴대폰이 사라진다면   40

#첫 여행, 우리가 함께 쌓은 추억   47

#너무 일찍 노인이라 불린 사람들   52

#누구나 할 수 있다는 말의 함정   57

#잃을 게 하나도 없다고 말하는 사람   64

#몸이 먼저 기억하고, 마음이 따라간다   67

#외면한 진실은 더 무겁게 돌아온다   71

#어떻게 들어야, 마음이 들릴까　　　　　75

#꿈꾸지 못하게 만드는 말　　　　　　　80

#오해 너머의 마음　　　　　　　　　　89

#불안에 휘둘리지 않는 법　　　　　　　93

#새로운 교양을 배우는 시간　　　　　　98

#외국회사 입사기 대방출?　　　　　　105

#우리는 왜 귀여운 것에 끌리는 걸까　　116

#대화의 사각지대　　　　　　　　　　124

#토핑 & 커스트마이징 문화의 뒷모습　135

#소비는 취향을 보여준다　　　　　　　144

#보이지 않는 내 편　　　　　　　　　150

#용이 되려다 지친 너에게　　　　　　　156

#뒤처진 게 아니라, 다르게 가는 중　　163

#사랑해도 멀어질 수 있는 이유　　　　170

#『고함쟁이 엄마』를 읽고　　　　　　178

#잔소리, 불안이 말이 되는 순간

서툰 걱정은 잔소리로 들린다

　난 언제나 소중한 사람들과 내가 품어온 생각들이나 경험을 나누고 싶었어. 그런데 가끔은 내 진심이 누군가에게는 다정한 위로가 되었지만, 또 어떤 이에게는 원치 않는 간섭처럼 느껴졌던 것 같아.

　나로서는 도움이 되고 싶은 마음에서 비롯된 것이었지만, 그 마음이 항상 같은 방식으로 전해지진 않았던 것 같아.

　나의 진심이란 게 때로는 도움이 되고, 때로는 불필요한 부담이 될 수도 있단 걸 알면서도 자꾸만 건네고 싶어졌던 건, 상대를 아끼는 마음속에 숨어있던 나의 불안과 걱정 때문이었던 것 같아.

　부끄럽지만, 쉰이 넘고 나서야 비로소 조금씩 깨닫고 배우고 있는 중이야.

　상대를 위하는 진심이라고 할지라도 무언가를 자꾸 건네기보다는, 그냥 말없이 곁을 지키는 법을 말이야.

너에게도 한가지 고백하자면,

네게 했던 잔소리는 너를 못 믿어서가 아니라,

나의 불안한 마음 때문이었다는 걸 알아주면 좋겠어.

#행운도 불운도 결국 사람에게서 온다

당신이 만난 사람이 당신의 하루를 결정한다

혹시 '레드 플래그(red flag)'라는 말을 들어봤니?

'레드 플래그'는 '아, 이 사람은 아닌데?', '이 관계는 뭔가 위험해.'라고 느껴질 때 마음속에 켜지는 경고 신호 같은 거라네.

예를 들면, 약속을 자꾸 어기거나 습관적으로 거짓말을 하는 사람, 은근히 너를 깎아내리거나 다른 사람과 비교하는 사람, 또는 지나치게 집착하거나 간섭하는 사람을 만날 때, 마음속에서 켜지는 빨간 경고등 같은 거지. 이 단어를 보고 문득 할아버지께서 해주신 말씀이 떠올랐어.

"살면서 네게 다가오는 악연만 잘 피해도, 행복하게 사는 데는 문제가 없을 거다."

그때는 그냥 그런가 보다 했지. 그런데 살아보니 깨닫게 된 게 있어.

악연이라는 게 꼭 상대방이 나쁜 사람이라서 생기는

게 아니라, 서로의 성격이나 상황이 맞지 않아서 생기는 경우가 더 많다는 거야.

 법 없이도 살만큼 착한 사람도, 누군가에게는 상대의 에너지를 빨아먹는 '에너지 뱀파이어' 같은 존재가 될 수도 있고, 자기밖에 모르고 이기적이라고 생각했던 사람이 오히려 다른 사람을 성장시키고 발전시키는 존재가 되기도 하더라고.

 요즘 난 '악연을 알아차리는 게 중요하다.'라는 할아버지 말씀을 제대로 이해할 것 같아. 너도 너의 마음속에서 빨간 경고등이 깜빡일 때, 그 신호를 무시하지 말고 잘 살펴보면 좋겠어.

 관계를 신중하게 선택하는 건, 네 삶의 질과 행복에 정말 큰 영향을 미친다는 걸 꼭 기억해 주렴.

 왜냐면 모든 행운과 불운은 사람한테서 오는 거거든.

#선택하고 집중해야 하나라도 얻는다

무엇을 포기할지 아는 것이 진짜 선택이다

텃밭에 지인 한 분이 놀러 왔어.

지인이 우리집 텃밭을 살펴보더니, 내가 지난 가을에 심어 놓은 마늘을 보며 "마늘 솎아내기를 해야겠네요." 라고 말했어. 나는 그 말이 무슨 뜻인지 몰라 멀뚱히 서서 마늘 밭만 쳐다봤단다.

작년 10월, 아빠랑 함께 텃밭에 구덩이를 5센티미터 정도 파서 쪽마늘을 하나씩 정성스럽게 심었거든. 그런데도 한 구덩이에서 여러 개의 싹이 붙어서 올라오는 게 많았단다. 나는 원래 그런가 보다 하며 두고 보았지.

내 무덤덤한 반응이 답답했는지, 지인은 곧바로 마늘밭으로 가서 작업을 시작하는 거야. 싹이 여러 개 올라온 곳에서 가장 튼튼한 싹 한두 개만 남기고 나머지 싹을 과감히 솎아내더라. 그리고는 솎아낸 마늘 싹을 집에 가져가서 살짝 데쳐 먹어보라며 건네줬어.

그런데 나는 추운 겨울을 견디고 싹을 틔운 마늘 싹을

그렇게 매정하게 싹둑 자르는 게 조금 불편한 마음이었어. 그래서 그 지인에게 조심스레 물었지.

"왜 마늘을 솎아내야 하나요?"

그랬더니 지인은 이렇게 설명했어.

"마늘은 보통 씨앗이 아니라 통마늘을 쪽으로 나누어 심잖아요. 그러다보면 종종 한 구멍에서 여러 싹이 올라와요. 그런데 이렇게 여러 싹이 밀집한 채로 계속 자라면 마늘이 서로 영양분을 나눠 갖느라 제대로 크지 못해요. 결국, 통마늘이 작아지고 품질도 떨어지죠. 알이 굵고 실한 마늘을 키우려면, 좋은 싹만 남기고 나머진 과감히 솎아내야 해요. 선택과 집중이 필요하지요."

지인의 말을 듣고 생각이 많아지더라. 그러면서 든 생각의 끝은 '세상 이치는 모두 하나로 연결되어 있구나.'였어.

나는 동화를 쓰고, 동요 노랫말 작사도 하지. 그런데

동화를 열심히 쓰면 동요 노랫말이 떠오르지 않고, 동요 노랫말을 쓰면 동화의 줄거리가 잘 떠오르지 않더라고. 결국, 동화를 쓸 때는 동요 작사 생각을 과감히 내려놓고 집중해야만 좋은 결과물이 나오더라.

오늘 난 지인의 '마늘 솎아내기'를 통해 모든 일에는 선택과 집중이 필요하다는 것을 배웠어.

너도 무언가를 절실하게 잘하고 싶은 날이 오면, 다른 건 잠시 내려놓고 가장 소중한 것 하나에 집중해 보는 건 어떨까? 싶네.

#상상은 더하기, 잡생각은 빼기

상상은 길을 열고, 잡생각은 길을 막는다

　이른 아침, 밭에 나가니 밭고랑마다 아침 이슬로 촉촉이 젖어 있었어. 작물들도 한층 싱그러워 보였지.

　그런데 마늘이 자라고 있는 밭에 여기저기 잡초들이 올라오고 있더라.

　잡초도 하나하나 이름이 다 있는데, 우리는 그것들을 뭉뚱그려 '잡초'라고 불러. 조금 미안한 마음이 들지만, 그냥 두면 금세 무성해져서 내가 기르는 작물이 자랄 자리를 빼앗아 버리지. 그래서 이름을 불러주기보다는 제거해야 할 대상으로 보게 되더라.

　밭작물을 기르면서 잡초에 대해 알게된 것이 있어.

　첫째, 잡초는 스스로 자란다는 것.

　둘째, 생명력이 정말 엄청나게 강하다는 것.

　마지막으로는, 그 강한 생명력을 바탕으로 결국에는 밭작물을 잠식하고 말살시킨다는 거야.

　이런 특성은 인터넷에서 키보드 몇 번만 두드려도 금

방 알 수 있는 사실들이지만, 직접 눈으로 보고 몸으로 겪어보니, 느낌이 전혀 다르더라.

　잡초를 제거하려고 보면, 뿌리가 무척 길고 많아. 조금만 자리를 잡아도 손으로는 잘 뽑히지 않고, 결국 호미나 낫을 들고 나서야 겨우 제거할 수 있을 정도가 돼. 또한, 잡초 제거 시기를 놓치면, 밭작물은 비실비실해지거나 아예 죽어버리기도 해. 그래서 애써 키운 작물과 잡초를 한꺼번에 뽑아야 하는 경우도 있었어.

　그럴 때 나는 잡초가 마치 '잡생각' 같다는 생각이 들었어.

　학교 다닐 때는 시험공부를 하려고 책상에 앉으면 괜히 책상 정리부터 했고, 지금은 글을 쓰려고 노트북을 열었다가 어느새 인터넷을 하거나 유튜브를 보고 있을 때가 많아. 또 어떨 땐 SNS를 훑다가 남들만 잘 나가는 것 같아 괜히 초조해하기도 해. 웃기지. 여하튼 이런 잡

초 같은 생각들이 나의 집중력을 흐트러뜨리고, 중요한 결정을 해야 할 타이밍을 자꾸 놓치게 하더라.

또 가만히 생각해 보면, 모든 생각이 다 잡초는 아니더라. 가끔은 불현듯 떠오른 생각 하나가 그동안 내가 놓치고 있던 방향성을 보여주기도 했으니까. 잡생각처럼 보였지만, 알고 보니 그건 자유로운 상상의 씨앗이었던 거지. 그런 상상의 씨앗은 고요한 들판에 불어오는 시원한 바람처럼 날아와 나에게 영감을 주고 새로운 가능성을 꽃 피우게 만들더라.

그래서 최근에는 머릿속에 떠오르는 생각이 나의 집중력을 갉아먹는 잡생각인지, 아니면 나를 성장시킬 상상의 씨앗인지 잠깐이라도 들여다보려고 해. 그런 노력은 내가 가는 길을 열어주는 상상력의 씨앗을 알아차리게 하고, 내 길을 막는 잡생각을 멈추게 할 수 있을 거라고 믿어.

#나만의 공간엔 그만한 가격이 있다

절제의 고통은 후회의 고통보다 훨씬 덜하다

오늘 서점에 갔더니 청소년 소설이나 웹소설 중에서 시간을 돌려 과거로 회귀하는 이야기들이 많더라.

그런 이야기를 보며 잠시 생각해 봤어. 나도 20대로 회귀한다면 어떨까? 하고 말이야.

금세 고개를 저었어. 사실, 돌아갈 자신이 없었거든.

소설이나 드라마 속 주인공처럼 특별한 능력을 얻거나, 부자 부모나 연예인 외모를 가진 채로 돌아가는 게 아니라, 딱 나의 그 시절 그대로 돌아가는 거라면 더욱 그래.

왜냐하면, 나의 20대는 너무 가난했고 불안정했거든. 특히 경제적으로 힘들었던 시절이라, 돈이 없다는 것이 늘 나를 위축시켰고 미래를 두렵게 만들었어.

요즘 젊은이들은 돈보다는 자기 꿈을 실현하거나 자아를 찾는 일이 중요하다고 하던데, 나의 20대에는 그런 여유가 없었어.

내 꿈이 뭔지, 하고 싶은 게 뭔지를 고민하기보다, 나를 보호하고 살아갈 수 있는 최소한의 경제적 안정부터 찾는 게 급했거든. 그래서 오늘은 돈 이야기를 해볼까 해. 살면서 지출하는 여러 비용 중 가장 크고 중요한 것이 바로 주거비라는 걸 너도 곧 실감할 거야.

엄마아빠가 처음으로 전셋집을 얻으려 했을 때 정말 많은 고민을 했어. 당시 우리에겐 두 가지 선택지가 있었거든.

하나는 역세권에 있고 새로 지은 깨끗한 빌라인데, 집주인이 이미 많은 대출을 받아 보증금을 떼일 수도 있는 위험한 집이었고,

다른 하나는 지하철역과 거리도 멀고 좀 낡았지만, 대출이 없어서 안전하게 보증금을 지킬 수 있는 집이었지.

마음 같아선 당연히 깨끗하고 교통이 좋은 집으로 가고 싶었지만, 보증금을 잃을지도 모른다는 불안감 때문

에 결국 불편함을 감수하고도 안전한 선택을 했던 기억이 나.

젊은 시절 나와 아빠에게는 전세 보증금이 전재산이었기에, 그걸 지키는 게 정말 중요했거든.

너도 언젠가는 너만의 공간을 마련해야 하는 순간이 올 거야. 그때 네 앞에도 비슷한 고민이 놓일지 몰라.

당장 편리하고 거주하기 쾌적한 집을 선택할지, 아니면 조금 불편하고 거주 조건이 아쉽더라도 자산을 안전하게 지킬 수 있는 선택을 할지 말이야.

너는 어떤 선택을 할지 궁금하다.

#산책냥이가 보여준 선물

사소한 일상이 오히려 큰 위로가 될 때가 있다

오늘은 평소보다 더 일찍, 야니와 새벽 순찰을 나섰어.

정확히 말하면 내가 산책을 시키는 게 아니라, 우리 집 고양이 야니가 순찰을 하시는데 내가 수행비서처럼 동행하는 거지.

우리 집 고양이 야니는 자칭 아파트 순찰묘.

순찰 경로는 거의 늘 똑같아. 아파트 공동현관을 거쳐, 화단 앞 나무 그루터기에 부비부비. 그리고 여러 들풀에 코를 박고 냄새 맡기.

누군가 다녀갔다면 반드시 확인해야 한다. 그게 야니의 원칙이지. 가끔 산책 나온 이웃집 강아지와 마주치면 짧은 눈빛 신경전도 벌어진다.

물러서지 않겠다는 고양이의 본능이랄까.

확실히 깡이 있어!

하이라이트는 아파트 앞마당. 흙에 몸을 비비며 뒹굴기를 마치고 나서야 집으로 돌아간다. 한 이웃은 그 모

습을 보고, "어휴, 옷 다 버리겠다!" 하시더라.

나는 이웃의 말을 듣고 한참 웃었어. 야니가 가진 옷은 하얀 털코트뿐이라, 더러워지면 갈아입을 옷이 없다는 걱정이 아주 잘 이해됐거든.

예전에 내가 고양이랑 산책을 한다고 했더니, 너는 눈이 동그래져서 "진짜로? 고양이가?"라며 기겁했잖아.

나도 비슷했어. 처음엔 그냥 안쓰러워서 따라나섰다가, 지금은 야니의 팀원이 되었어. 그런데 야니는 팀워크 같은 건 모른다. 오직 자신만의 미션이 있을 뿐이다. 강아지들은 대개 사람이 걷는 속도에 맞춰 뒤를 따르거나 살짝 앞서 걷잖아. 사람이 리드하면 강아지는 따라오는 느낌이랄까.

그런데 야니는 항상 반대다. 순찰길의 리더는 오롯이 자기 자신이야. 내가 목줄을 살짝 당기면 그 자리에 멈춰 서서 고개를 돌려 엄청난 눈빛을 날린다.

"지금 이 구역 순찰 중인데, 무례하시네요?"라는 표정이랄까?

나는 결국 포기했다.

기다리는 시간이 지루하니, 맨손체조라도 해야지 싶어서 목도 돌리고 허리도 돌린다. 그러던 어느 날, 야니가 코를 박고 있는 풀 옆에 서서 나도 화단의 나무를 바라보게 되었어. 그렇게 시간이 쌓이자, 나에게도 변화가 생기더라.

예전엔 우리 아파트에 어떤 나무와 꽃이 피는지 전혀 모르는 사람이었는데, 어느새 계절의 변화에 눈을 뜨기 시작한 거야.

겨울 동안 앙상했던 모과나무 가지에 연둣빛 잎이 솟아나는 걸 보고, 동백꽃이 피고 지는 타이밍을 기억하게 되고, 홍매화가 살짝 터진 걸 보며 "아, 봄이 오고 있구나"라고 말하는 사람이 됐어.

　야니와의 순찰 중에 가장 인상 깊었던 순간은 며칠 전 새벽이었다.

　찬 공기를 맞으며 걷던 길,

　익숙한 아파트 화단.

　가로등 불빛 아래, 벚꽃이 활짝 피어 있는 걸 봤어.

　숨이 '퍽' 하고 멎는다는 게 이런 느낌이구나 싶더라. 분홍빛 벚꽃 아래에 서서, 나는 그 장면을 오래오래 눈으로 담았어. 야니는 여전히 사명감에 불타 순찰 중이었지만, 그 순간만큼은 내가 리드하고 싶어서, 야니 등에 손을 얹고 속삭였어.

　"잠시만, 기다려 줄래?"

#뭔가 이상할 땐, 잠시 멈추기

멈추고 생각하면, 실수를 만회할 수 있다

요즘 20대들은 소개팅 앱으로 만나 연애하는 경우가 있다며? 혹시 너도 소개팅 앱으로 이성을 만나본 적 있어?

나 때는 요즘과는 달랐어.

그땐 '미팅'이라고 해서, 친구들이 자기 친구들을 데리고 나와서 단체로 만나는 게 유행이었거든.

나의 첫 미팅은 대입 시험을 마치고 경험한 '반팅'이었어. 반팅이 뭔지 궁금하지?

나는 여고 3학년 2반이었고, 우리 반은 근처 남고 3학년 2반이랑 단체 미팅을 하게 됐어. 처음엔 그 남고에서 시집을 사서 우리 반 반장에게 전달했는데, 그걸 여학생들이 보고 마음에 드는 시집을 골라서 짝이 매칭되는 방식이었지.

그렇게 매칭이 끝나면, 각 짝끼리 간단한 쪽지를 주고받고, 정해진 장소에서 일대일로 만나는 거야.

    나는 그게 너무 설렜어.

    우리 학교는 남녀공학도 아니었고, 우스갯소리로 말하자면, 나는 교회 오빠나 절 오빠도 만난 적이 없었거든. 난생 처음 경험하는 일대일 소개팅이었지.

    소개팅 당일, 나는 옷을 여러 차례 입었다 벗었다가 하며 고민했어. 마지막에 선택한 건 무릎길이의 초록색 주름치마. 그런데 문제는 날씨였어.

    대입 시험이 끝난 직후라서 한겨울이었거든.

    유독 추위를 많이 타는 나는 바지를 입을까, 치마를 입을까 한참을 고민했지. 결국 여성스러움을 보여주고 싶어서 치마를 입기로 했는데, 스타킹만으로는 너무 추웠어. 그래서 묘안을 생각해 냈지.

    빨간 내복 바지를 허벅지까지 걷어 올리고, 그 위에 스타킹을 신는 거야. 치마가 무릎까지 오니까, 겉으로는 티도 안 나고, 따뜻하기까지 하다니!

　난 스스로 똑똑하다고 뿌듯해하면서 소개팅 장소인 학교 근처 빵집으로 향했지. 그곳에서 나를 기다리고 있던 나의 '매칭남'을 보자마자, 정말 전율이 느껴졌어.

　키 크고 훤칠한 모습에 반해버렸거든. 딱 나의 이상형이었던 거야.

　속으로 '오 신이시여, 감사합니다!'를 외쳤지.

　더 놀라운 건 그 남자아이도 나에게 호감을 보이는 것 같았다는 거야. 나는 너무 설레서 얼굴이 벌게졌는데, 잠시 후 얼굴은 더 뜨거워졌고, 이마에 진땀이 맺히기 시작했어. 왜냐고?

　그 빨간 내복 바지가…

　치마 안에서 점점 흘러내리기 시작한 거야.

　스타킹 밴드에 기대서 고정되어 있을 줄 알았는데, 함께 미끄러지면서 치마 아래로 자꾸 내려오는 것 같았지. 나는 완전히 멘붕이었어. 혹시라도 빨간 내복 바지가 보

여서 이상형에게 웃음거리가 되면 어쩌나, 그 걱정뿐이었지.

결국 나는 떨리는 목소리로

"나, 그만 집에 갈래…" 라고, 말해버렸어.

그 남자아이는 깜짝 놀라며 자기가 뭔가 실수했는지 물었지만, 나는 아무 말도 못 했어. 너무 창피했거든.

지금이었으면 화장실 가서 정리하고 다시 나왔겠지만, 그때는 그럴 여유도 없었고, 오직 '이대로 들키면 안 된다!'라는 생각뿐이었지.

나는 황급히 자리에서 일어나 빵집을 나왔고, 버스 정류장까지 거의 경보 선수처럼 걸어갔어. 그런데 그 남자아이가 따라나서더라.

"데려다줄게," 하면서.

나는 단호하게 말했지.

"아니야. 괜찮아. 나 혼자 갈 수 있어."

그때 저만치에서 버스가 오는 게 보였고, 나는 이때다 싶어서 치마와 내복 바지를 부여잡고 버스를 향해 전력 질주했어.

그리고… 우리는 다시는 만나지 못했어.

나는 아직도 기억해.

버스에 올라타 너무 속상해서 눈시울이 붉어진 채 창 밖을 바라봤는데, 나의 이상형이 정류장에 서서 손을 흔들어 주더라.

'잘 가!'라는 마지막 인사였지.

이제는 그 남자아이의 얼굴도, 이름도 기억나질 않지만, 그날 느꼈던 설렘과 당황스러움, 그리고 그 뒤에 밀려온 속상한 마음만큼은 아직도 또렷이 기억나.

여하튼 그날, 내복은 흘러내렸지만 내 마음은 한 뼘 자랐다고 억지로 합리화를 했어.

인생에서 뭔가 중요한 일이 있을 땐, 철저한 준비가 필

요하다는 걸 깨달았다면서.

　그리고 실수가 생겼을 때는 그 자체에 매몰되지 말고, 솔직하고 유연하게 대처해야 한다는걸 깨달았다면서.

　추신.
여자친구가 갑자기 이상한 행동을 한다고 해서 바로 '내가 뭐 잘못했나…' 이렇게만 생각하지 말고,
　그녀의 속사정이 있을 수도 있다는 걸 기억해줘.
　상대의 마음과 상황을 알아채고 자연스럽게 풀어줄 수 있다면, 너는 연애 고수가 될거야. 카사노바도 울고 갈 만큼.

#완벽을 내려놓으면 얻을 수 있는 것

지금 내가 할 수 있는 일을 바로 시작할 수 있다

글을 쓰다 보니까, 아무래도 작가 친구들을 자주 만나게 돼.

우리들은 아직 무명작가들이라 그런지, "대표작 하나로 유명 작가가 되고 싶다"라는 말을 참 자주하게 되더라.

어느 날 한 친구는 이렇게 말했어.

"난 제대로 된 거 한 편만 쓰고 싶어.

하나로 끝! 멋지게. 그게 진짜 작가지."

나도 그 말에 고개를 끄덕였지.

초보 작가들이 흔히 빠지는 환상, 나도 거기에 빠져 있었거든.

"나도 『백 년의 고독』 같은 작품 하나만 쓰면 된다."

"『앵무새 죽이기』의 하퍼 리처럼 한 권의 작품만으로도 세계적 명성을 얻는 작가가 싶다."

이런 생각을 하면서 말이야.

　그래서 한동안은 단 한 방의 기적을 기대하며 글을 썼지. 글을 쓰다가 마음에 안 들면 그냥 멈췄어.

　"이건 아니야. 이렇게 써선 안 돼."

　왜 그랬을까? 글은 잘 못 써도, 보는 눈은 있었거든. 어떻게 써야 한다는 이론적 지식이 오히려 발목을 잡더라. 그렇게 썼다 지웠다를 반복하다 보니, 결국 글 한 줄도 못 쓰는 사람이 되어가더라.

　그런데 정말 웃긴 건 말이지. 내가 부러워하던 그 작가들조차, 단 한 작품으로 성공한 게 아니라는 걸 알게 된 거야. 가브리엘 가르시아 마르케스는 『백 년의 고독』을 쓰기 전까지 10년 넘게 습작과 단편을 썼고, 하퍼 리조차 『앵무새 죽이기』 이후 수많은 미완성 원고를 남겼다고 하더라. 게다가 그 한 권조차도 수십 번의 퇴고 끝에 완성된 거래. 그 사실을 알고 나서, 나는 생각을 바꾸기 시작했지.

"개똥 같은 글이라도 일단 쓰자."

"초고는 90%가 버려진다잖아."

스스로에게 그렇게 말하면서, 매일매일 글을 쓰기 시작했어. 힘을 빼고, 완벽을 포기하고, 부족한 채로 써나갔지. 그랬더니 조금씩 변화가 생기더라.

우선 초고가 생기고,

그걸 바탕으로 다시 생각하고 고쳐 쓰고, 또 고치고.

그 과정을 반복하다 보니까, 어느새 글쓰기 근육이 생기기 시작했어.

그렇게 한 편, 또 한 편…

나의 동화들이 만들어지더라.

이제 나는 믿어. 한 방은 없지만, 한 편 한 편 쌓아가다 보면 결국 무엇이든 이룰 수 있다는 걸.

#휴대폰이 사라진다면

잊고 살았던 것들을 되찾을지도 몰라

　서울역으로 향하는 KTX 기차가 천천히 역을 빠져나가고 있었어. 나는 그 기차 안에서 숨을 가다듬고 있었지.

　무슨 일이냐고? 내가 투고한 원고를 책으로 만들어 보자는 제의를 받았거든. 그래서 서울역에서 편집자와 만나기로 약속을 한 거야. 지방에 사는 작가를 배려해서 굳이 서울 시내를 돌아다니지 않아도 되게 해 줬거든. 나는 그 배려가 정말 고마웠어. 그런데 차가 막혀 기차역에 제시간에 도착하지 못할 상황이 된 거야.

　지각은 물론, 아예 못 만날 수도 있다는 생각에 머리가 쭈뼛 서고 가슴이 쿵쾅거렸지. 결국 차에서 내려 기차역까지 전력 질주했어. 그 덕분에 무사히 기차에 올라타고 서울역으로 기분 좋게 달리고 있었어. 정신을 좀 가다듬고, 편집자에게 문자를 보내려고 휴대폰을 찾았는데, 가

방에 없는 거야.

맙소사. 정말 맙소사였어.

편집자와는 첫 대면이었고, 일단 서울역에서 만나 근처 커피숍으로 이동해서 미팅하기로 한 상황이었거든. 그러니 내 입장에서는 반드시 편집자와 연락이 닿아야 했어. 휴대폰이 없다는 사실이 너무나 절망스러웠지.

가슴이 다시 쿵쾅거리기 시작했고, 나는 너랑 아빠의 전화번호를 떠올리려 했지만, 머릿속에 맴도는 건 010… 뿐이었어.

평소에 단축번호로 전화를 걸다 보니, 폰 번호는 기억나지 않더라고. 유일하게 떠오른 번호는 할머니 전화번호였어. 그때부터 진땀이 흐르기 시작했지.

서울역에 도착해서 안내방송을 부탁할까?

'♣출판사 편집자님을 찾고 있습니다.'

하지만 고개를 저었어. 안내방송 관계자가 그런 부탁

을 들어줄 리 없잖아.

'할머니한테 전화해서 아빠 번호를 알려달라고 할까?'

또 고개를 저었어.

할머니는 전화를 걸고 받는 것만 아시는데, 아빠 번호를 과연 저장해 두셨을까?

정말 숨이 막히더라. 이 상황을 어떻게 해결해야 할까 고민하며 가방을 뒤적이다가, 종이 한 장을 발견했어. 편집자와 주고받은 이메일을 인쇄한 프린트물이었지. 그 안에는 편집자의 이름과 휴대폰 번호가 적혀 있었어.

가슴을 쓸어내리며 '이거다!' 싶었어. 하지만 이제 어떻게 전화를 걸지? 아마 그 편집자도 지금쯤이면 나한테 연락하려고 했을 텐데.

나는 기차 안을 둘러보았어. 왜냐면 옆자리 좌석이 비어 있었거든.

'전화 한 통만 쓸 수 있을까요?'

　마음 속으로 간절히 외쳤지. 하지만 다른 승객들은 눈을 감고 있거나, 자신의 휴대폰을 들여다보고 있었어.

　'요즘은 폰 관련 사기 이야기도 많고, 누가 낯선 사람에게 선뜻 폰을 빌려주겠어.'

　그렇게 망설이는 사이, 기차는 대전역에 도착했고, 드디어 내 옆자리에 한 남성 승객이 앉았어.

　'아, 여자 승객이면 더 좋았을 텐데.'

　속으로 또 망설였지. 하지만 이제 더는 미룰 수가 없었어. 용기를 내서 사정을 설명했고, 다행히 그 승객의 도움으로 편집자에게 연락할 수 있었지. 무사히 미팅을 마치고 집으로 돌아오는 기차 안에서 생각했어.

　예전엔 가까운 사람의 전화번호를 외우기도 하고, 수첩에 적어두기도 했는데, 지금은 휴대폰의 신기능에 홀딱 빠져서 내 번호조차도 헷갈릴 때가 있다는 사실이 왠지 씁쓸했어.

　내가 너무 전자기기에 의존하고 있다는 것을 이번 일을 통해 절실히 느낀 거야. 그러다가 상상했지.

　우리가 늘 편리하게 사용하는 휴대폰이나 컴퓨터가 모두 사라진다면?

　아니, 아예 전기가 끊겨서 전자기기를 쓸 수 없는 세상이 온다면, 과연 우리는 어떻게 살아갈 수 있을까?

　만약 정말로 전기가 끊겨서 휴대폰도, 컴퓨터도, 엘리베이터도 멈춰버린 세상이 온다면 어떨까?

　사람들은 갑자기 어디서 무엇을 해야 할지 몰라 당황할 테고,

　길을 찾기 위해 사람에게 직접 묻고,

　누군가를 만나려면 시간과 장소를 정확히 정하고,

　연락처는 수첩에 적어 두거나 외워야 하겠지.

　급한 메모는 손으로 적고,

　사진도 영상도 남길 수 없는 하루하루가 펼쳐질지도

몰라. 정말 불편할 거야. 하지만 어쩌면 그 불편함 속에서 우리는 잊고 살았던 것들을 하나씩 되찾을지도 몰라.

스스로 기억하고, 묻고, 기다리고, 직접 만나며,

불편한 만큼 더 깊이 연결되는 관계,

느리지만 따뜻한 하루.

그날 기차 안에서 나는 엄청 큰 불편을 겪었지만, 그 덕분에 누군가의 도움을 받았고, 처음 만나는 사람과 진심을 나눴고, 내가 얼마나 전자기기에 의존하고 있었는지를 돌아볼 수 있었어.

기술이 아무리 편리해져도, 그 너머에 있는 사람과 사람 사이의 연결, 그리고 내 안의 감각과 기억을 놓치지 않아야겠다는 생각이 들었어.

편리함이 전부가 아니란 걸, 그날 나는 조금 늦게, 조금 불편하게,

하지만 아주 진하게 깨달았지.

#첫 여행, 우리가 함께 쌓은 추억

시간이 지날수록 빛깔이 선명해지는 선물

『쨍한 여름 햇살 아래, 경복궁 벤치에 젊은 여자가 드러누워 있고, 일곱 살 남자아이는 나뭇가지로 흙바닥에 그림을 그리고 있다.』

너를 키우며 수많은 장면을 마음속에 사진처럼 저장해 왔지만, 그날의 경복궁 풍경만큼은 유난히 또렷하게 남아 있어.

너에게 경복궁을 보여주고, 그 안에 담긴 역사까지 들려주고 싶어서 무거운 배낭을 메고 너와 함께 무모하게(?) 서울로 상경했지. 하지만 어린 너는 해설사 선생님의 설명이 지루한 듯 고개를 돌리고 딴청만 부렸어.

그런 너를 보며 살짝 실망했고, 무더위와 긴 여정에 지쳐 나는 결국 벤치에 몸을 눕히고 말았지.

'여긴 어디고, 나는 누구?'

혼잣말처럼 중얼거리며 눈만 감았는데, 너무 피곤했던

나머지 금세 얕은 잠에 빠졌어. 얼마 후 깜짝 놀라 눈을 떴지. 너를 잃어버린 줄 알고 가슴이 철렁했거든. 그런데 네가 여전히 그 자리에 앉아 흙바닥에 그림을 그리고 있는 걸 보고 얼마나 안심했는지 몰라.

사실 너와 함께한 추억은 셀 수 없이 많지만, 그날의 경복궁은 나에게 특별했어. 아마도 우리 둘이 함께한 첫 여행이었기 때문이겠지.

그날 나는 속으로 생각했어.

'도대체 나는 왜 이 낯선 서울 한복판에서, 아들과 함께 이렇게 개고생을 하고 있는 걸까?'

그땐 그냥, 너에게 뭔가 좋은 걸 보여주고 싶었던 괴짜 엄마의 취향쯤으로 여겼지. 한참의 시간이 흐르고 나서야 알게 되었어. 그 마음의 뿌리는, 내가 어린 시절 할아버지와 함께했던 기억에서 비롯되었다는 걸.

어느 해 여름, 할아버지가 고향인 합천에 가실 때 나를

데려가신 적이 있어. 여행이라기보단, 할아버지의 귀성길에 내가 덩달아 얹힌 셈이었지.

그때 내가 차에서 멀미를 심하게 하자, 할아버지는 휴게소에 차를 세워 병에 든 콜라를 사주셨어. 그 차가운 콜라 한 모금은 속을 휘저었던 멀미를 단번에 가라앉혀 줬고, 그제야 창밖의 풍경이 눈에 들어오기 시작했어.

국도를 따라 줄지어 늘어선 삼각형 나무들, 무뚝뚝하셨던 할아버지의 말 없는 배려. 아마 그때부터였을 거야. 내가 처음으로 고지식한 할아버지를 좋아하게 되었던 순간이.

무슨 말이냐고?

자식이라고 해서 누구나 부모를 처음부터 좋아하는 건 아닌 것 같아.

그날은, 내가 아버지를 '오, 우리 아빠 좀 좋은데.'라고 느꼈던 첫 기억이었어.

  아마 그래서였을 거야. 나도 너에게도 그런 기억 하나쯤 선물해 주고 싶었던 것 같아.

  아무렇지 않게 지나가는 순간이, 언젠가 네 마음속에 따뜻한 시간으로 기억되길 바라며.

  보이진 않지만, 시간이 지날수록 빛깔이 선명해지는 추억 선물처럼 말이야.

  언젠가 네가 혼자 먼 길을 걸어갈 때,

  그날의 햇살,

  벤치에 누워 잠들어버렸던 엄마,

  흙 위에 그리던 네 그림이 너를 아주 잠시라도 미소 짓게 해 주기를….

  내가 너를 얼마나 사랑했는지도 기억해주면 좋겠어.

#너무 일찍 노인이라 불린 사람들

부모님

요즘은 65세 이상을 노인으로 보더라. 그들은 직장에서 은퇴했거나, 자녀가 독립하고, 사회적 활동이 줄어들면서 삶의 중심 역할에서 물러난 사람들이지. 그래서 보호와 배려의 대상으로 여겨지는 경우가 많지.

나도 그렇게 생각했어. 그러던 와중에 너를 낳고 직장생활을 이어가야 했기에, 너를 할머니 할아버지께 맡겼어. 너를 돌봐주시는 게 늘 고마워서, 나는 그분들이 해야 할 은행 업무를 대신하고, 외출할 일이 생기면 차로 모셔다 드리곤 했지.

그렇게 시간이 흐르고, 네가 초등학교에 들어갈 무렵이 되자 삼촌도 나처럼 할머니 할아버지께 손주손녀를 돌봐 달라고 도움을 청했어.

두 분은 흔쾌히 동의했고 너를 돌보았듯 새로운 손주, 손녀를 돌보며 단란한 시간을 보내셨지.

삼촌네 역시 나처럼 두 분의 외출엔 차로 모셔드리고,

  시장 일이나 가사 활동을 숙모가 도맡았어. 그렇게 할머니 할아버지는 또다시 보조 양육자의 역할을 하시며 15년을 훌쩍 보내셨지.

  시간이 흘러 지금, 두 분은 신체적·인지적 기능이 확연히 떨어지셨고, 가정이나 사회에서의 역할도 많이 줄어들었어.

  내가 결혼할 당시 할머니는 54세였어. 지금 생각해 보면 그냥 중년일 뿐인데, 그 당시 내 눈엔 할머니가 '노인'으로 보였지. 그래서 손주 손녀 돌보는 일 밖에는 할 일이 없다고 생각했던 것 같아. 이제 내가 그 나이가 되어보니 생각이 많아지더라.

  최근 나는 AI 같은 새로운 기술을 배우려고 학원이나 문화센터에 다니는데, 거기엔 할머니 할아버지 또래의 분들도 함께 있어. 물론 그분들은 처음 듣는 강의가 아니고, 이미 몇 번씩 반복해서 듣는 분들도 많아.

　그분들은 손주를 돌보는 역할에 인생을 모두 쏟기보다, 꾸준히 운동하고, 책을 읽고, 세상 변화에 발맞추려 노력하며 자기 삶을 주체적으로 이어온 분들이지.

　그들은 자신을 노인이라고 규정하지 않아.

　여전히 가정과 사회에서 자신이 할 역할을 찾아가며 살아가고 있어. 그분들을 보며 할머니 할아버지에게 미안한 마음이 들었어.

　나는 할머니 할아버지를 너무 일찍 '노인'이라 단정하고, 내 아이를 돌보게 하는 역할만을 강요한 건 아닐까?

　효도라는 이름으로 그들이 스스로 할 수 있는 많은 일들을 빼앗아 버린 건 아닌가?

　사실 두 분도 젊을 땐 활발히 일하고, 사회 속에서 열심히 살아오신 분들이었는데, 어느새 신체도 정신도 약해지고, 자신들이 자식에게 부담이 되는 존재가 된 것 같다고 자책까지 하시는 걸 보면 마음이 아파.

    나는 늘 너에게 보호받아야 할 노인이 아니라, 삶의 지혜를 나누는 어른, 언제든 돌아와 기대어도 되는 사람이 되고 싶다고 말해왔어. 지금도 노력하고 있지.

    그런데 되돌아보면, 정작 나는 '내 몫의 시간과 에너지를 소비하느라 할머니 할아버지가 자기 인생의 중심이 될 기회를 빼앗은 건 아닐까?' 싶은 마음이 들어.

    그래서 이제는 누군가를 너무 빨리 '노인'이라 부르지 않기로 했어. 언젠가 나도 그렇게 불릴 그날이 오면, 누군가의 삶을 보조해 주는 사람이 아니라, 내 삶을 온전히 살아내는 사람으로 기억되고 싶거든.

    추신: 엄마, 아빠! 손주 키워준다고 고생 많으셨어요. 고맙고 죄송해요.

#누구나 할 수 있다는 말의 함정

개인의 개성과 다양성을 인정하지 않는 태도

　나는 한때 서울 외곽의 12평 아파트를 사려고 중개인과 약속을 잡아둔 적이 있었단다. 지금은 꿈도 못 꿀 일이 되었지만, 그때만 해도 25년 넘은 서울 외곽의 작은 아파트는 대출을 끼고 내 돈 1억 정도면 살 수 있었거든.

　그런데 서울로 가기 전날, 폭설 때문에 기차 운행이 제한되었고, 때마침 숙모가 신도시에 이사할 집을 함께 보러 가자고 연락을 해왔어. 그렇게 숙모와 함께 막 입주가 시작된 신도시 외곽을 둘러보다가, 나는 우연히 10평 남짓한 작은 상가 하나를 보게 됐지.

　그 상가를 보는 순간, 머릿속에서 서울 아파트는 사라지고, '월세 수입으로 미래를 준비하자'라는 마음이 불타올랐어. 나는 그 상가를 샀고, 집에 돌아와 아빠와 한바탕 다툼도 했지. 하지만 시간이 지나며 월세가 들어오기 시작했고, 그 수입과 적금으로 대출도 조금씩 갚아나갔어. 그러던 어느 날, 임차인이 장사가 안된다며 보증

금을 내려달라고 했어.

나는 이해할 수 없었어.

바로 옆 상가는 같은 임대료를 받고 있었으니까.

결국 그 임차인은 더 싼 곳으로 이사했고, 상가는 공실이 되었지. 텅 빈 상가를 바라보다, 나는 오기가 생겼어.

'차라리 내가 직접 장사를 하면 임차인한테서 받던 월세보다 더 벌 수 있지 않을까?'

그런 마음으로 세탁 편의점 프랜차이즈를 알아보기 시작했어. 왜 하필 세탁 편의점이었느냐고?

그 당시 나는 직장 생활을 10년 넘게 하다, 네가 초등학교에 들어갈 무렵부터 전업주부가 되었어. 아빠의 수입만으로는 미래를 지킬 수 없다는 막연한 불안감으로 기술이 없어도 누구나 할 수 있다는 광고를 보고 용기를 냈던 거야.

그렇게 아무런 준비 없이, 석 달 만에 사장이 되어버렸

지. 솔직히 말하자면, 6개월만 운영하다가 프리미엄 받고 넘기면 된다는 막연하고도 안일한 기대도 있었어. 하지만 현실은 전혀 달랐어.

세탁 편의점은 단순히 옷을 맡고 찾아가는 곳이 아니더라. 의류의 재질, 얼룩의 성질, 고객의 기대 수준까지 제대로 파악할 수 있어야 했지. 커피 얼룩이 지워질지 말지도 말 못 하는 사장은, 결국 고객의 신뢰를 얻기 어려웠어.

무엇보다, 고객 응대가 가장 큰 벽이었지.

나는 장사를 해본 적이 없어서, 불만을 가진 손님을 상대하는 법도 몰랐고, 오전과 오후에 각각 아르바이트생을 두고, 나는 그저 문만 열고 닫는 이름뿐인 사장 노릇을 하고 있어.

상권도 생각처럼 쉽지 않았어. 아파트 단지 세대수가 많다고 해서 무조건 손님이 많은 게 아니더라.

장사는 어땠냐고?

너는 그때 어려서 몰랐겠지만, 돈을 버는 족족 아르바이트 인건비로 나갔고, 부족한 부분은 아빠 월급에서 충당하기도 했어. 아빠가 지금, 이 사실을 알면 막 화낼지도 몰라. 하지만 뭐, 다 지난 일인데 어쩌겠어?

나는 그렇게 5년을 버텼어. 겉으론 사장이었지만, 속으론 이미 많이 지쳐 있던 자영업자였지. 사실, 자영업을 시작한 지 6개월이 지났을 무렵, 예전 임차인이 말했던 "장사가 안된다"는 말이 핑계가 아니었다는 걸 깨달았어. 하지만 나는 그 사실을 인정하기 싫었어. 준비 없이 시작한 내 선택이 틀렸다는 걸 받아들이는 게 너무 힘들었거든. 그 자존심 때문에, 시간과 손해를 키워가며 5년을 흘려보냈지.

그러던 어느 해, 나는 사촌 언니의 30주년 결혼 기념 여행에 동행하게 되었어. 왜 남의 부부 여행에 따라나섰

느냐고? 솔직히 말하면, 그냥 도망치고 싶었어. 여행 내내, 혼자서 많은 생각을 했어.

"나는 누구인가? 나는 글을 쓰는 사람인가? 세탁편의점 점주인가?"

어디선가 읽은 글이 떠올랐어.

'당신이 누구인지 알고 싶다면, 당신이 어울리는 사람들과, 당신이 가장 많이 소비한 시간을 들여다보라'

나는 그 질문을 스스로에게 해봤어.

"나는 무엇에 가장 많은 시간을 쓰고 있었나?"

대답은 명확했지. 세탁편의점이었어.

사람을 고용했어도, 결국 모든 책임은 나에게 있었고, 나의 시간과 에너지는 늘 그곳에 묶여 있었지. 그때 처음으로 또렷하게 떠올랐어.

"이건 내가 원하는 삶이 아니야."

그제야 나는 결심할 수 있었어. 6개월만 하겠다고 시

작했던 세탁 편의점을 5년이나 붙잡고 있던 그 잘못된 시작과 외면한 실패에 마침표를 찍자고.

다시 내 삶을 나답게 시작하자고.

있잖아,

실패를 인정하는 건 정말 용기가 필요한 일인 것 같아.

나는 그걸 너무 늦게 배웠지만, 그만큼 절실하게 배웠어.

누구나 할 수 있다는 말보다 더 중요한 건, 그 일이 나에게 맞는 일인가를 묻는 거야.

무엇이든 시작하기 전에, 자신이 누구인지, 무엇을 잘하고 무엇을 감당할 수 있는지 먼저 들여다봐야 해.

그 질문을 외면한 채 선택한 일은 결국, 가장 소중한 너의 시간과 에너지를 앗아가거든.

나의 오래된 실패담이 너에게는 조금 더 단단한 준비의 이유가 되기를 바래.

#잃을 게 하나도 없다고 말하는 사람

무서운 사람

　새들이 지저귀던 어느 아침, 문득 너에게 전하고 싶은 말이 떠올라 카톡으로 조금 긴 메모를 보냈단다.
　만 하루가 지나서야 도착한 너의 답장은,
　"헉! 너무 길어!"
　그래서 오늘은 조금 짧게 써본다.
　살다 보면 "잃을 게 하나도 없다"라고 말하는 사람을 만날 수도 있어.
　그럴 땐 조심해야 한단다.
　물론, 무조건 피하라는 말은 아니야. 다만, 그런 사람을 쉽게 이기려 하거나, 성급히 판단하거나, 도와주려는 마음부터 앞세우지는 않았으면 해.
　사람마다 중요하게 여기는 삶의 가치가 다르지만, 나는 양심(도덕심), 돈, 명예, 이 세 가지가 사람을 지탱하는 중요한 기둥이라고 생각해.

 엄마

　내가 부족해서 그런 걸지도 모르지만, 지금까지 살아보니 이 세 가지를 다 갖춘 사람은 드물었고, 두 가지를 가진 사람도 흔하지 않았어.

　대부분은 한 가지를 지키며, 나머지를 얻으려 애쓰며 살아가더구나.

　이 셋 중 그 무엇도 중요하게 여기지 않는 사람, 그래서 스스로 잃을 게 전혀 없다고 느끼는 사람은 때때로 자기 자신은 물론 주변 사람들에게도 상처를 주는 경우가 있더라.

　나는 그런 사람을 만났을 때 굳이 맞서기보단 조용히 한 걸음 물러서서 상황을 바라보려 해.

　젊은 너는, 나의 이런 생각을 어떻게 느끼는지 궁금하구나.

#몸이 먼저 기억하고, 마음이 따라간다

젊어서 하는 고생은 사서도 한다

    오랜만에 너와 함께 저녁을 먹는 날이라 아빠가 와인을 사 오셨어. 식사를 마치고 그릇을 정리하던 중, 네가 자연스럽게 와인 잔을 물로 헹구어 놓더라. 아빠는 평소 절대 하지 않는 행동이라, 그 장면이 유독 눈에 들어오더라. 문득 너의 대학 시절이 떠올랐어.

    3년 동안 뷔페 아르바이트를 하며 익힌 몸의 습관이 이제는 무의식처럼 스며든 걸 보며, 대견하면서도 한편으론 마음이 짠해졌어.

    나는 네가 어릴 적부터 종종 자신에게 다짐하듯 말하곤 했어.

    "아들이 스무 살이 되면, 집에서 독립시킨다."

    너는 스무 살이 되자 정말 집을 나가게 되었지. 스스로 독립을 한 것은 아니었지만, 돌이켜보면 나의 오래된 다짐에 떠밀려 나간 건 아닐까, 싶기도 해.

    집에서 배출되는 음식 쓰레기도 역겨워하던 너,

차려놓은 밥상 위에 숟가락 얹기도 귀찮아하던 너.
화장실 청소를 왜 자신이 해야 하냐며 짜증을 내던 너.

그랬던 네가 뷔페 주방과 홀에서 수많은 접시를 닦고, 잔반을 처리하고, 손님 눈치를 살피며 일했지. 그 일은 너를 완전히 새 사람으로 바꿔놓은 것 같아. 이젠 집에서 음식물 쓰레기를 아무렇지 않게 버리고, 나와 아빠가 식사를 준비하면 자연스럽게 수저를 챙기고 밥을 푸는 너. 식당에 가서는 먼저 고맙다고 인사하는 너의 모습이 너무나 자연스러워졌더라.

아마도 너는 직원의 고충을 몸으로 공감했기 때문이었겠지. 그때 몸에 새겨진 습관은 지금도 네 안에 남아 있는 듯 보였어. 누가 시키지 않아도 몸이 먼저 움직이는 걸 보며, 나는 마음속으로 생각했지.

'힘들었던 그 시간이 지금의 너를 키워냈구나.'

뷔페 아르바이트생이었던 시간은 이제 지나갔지만, 그때의 시간은 너의 몸에, 너의 마음에 고스란히 새겨져 있는 듯 보였어. 그리고 그건 앞으로 너를 지탱해 줄 중요한 힘이 되어줄 거라는 생각이 들어.

힘든 순간을 잘 견디고 이겨내 주어서 참 많이 고마워.

#외면한 진실은 더 무겁게 돌아온다

호미로 막을 걸 가래로 막는다

   우리가 한때 살았던 40년 된 작은 연립주택엔 지금 세입자가 살고 있어.

   얼마 전 그 세입자에게서 연락이 왔어.

   "창틀에서 날개미가 계속 나와요."

   우리가 그 집에 살 땐 수리한 지 얼마 되지 않아서, 바퀴벌레도 몇 마리 정도밖에 나오지 않았거든. 그로부터 어느덧 10년이 지나면서 벌레가 늘어나더니, 이번엔 날개미까지 등장했어. 결국 방역업체에 연락해 벌레 퇴치를 부탁했지. 사실 이번이 처음은 아니다. 작년부터 반복된 일이야. 그때도 방역업체를 불렀고, 문제는 임시로 해결되는 듯했어.

   하지만 몇 달 뒤 또다시 날개미가 나왔고, 그때마다 우리는 같은 방법으로 응급처치를 반복했다. 도대체 왜 우리 집에서만 유독 심하게 나오는 걸까? 이웃에게 조심스레 물어보니, 자기네 집에서도 늘 날개미가 보인다고 했

어. 특히 장마철에는 유독 심하다고 하더라. 다만, 결정적인 차이가 있었어.

우리 집은, 오랜 시간 비에 젖고 말라가며 썩어버린 나무 창틀을 그대로 두고 있었던 것이다. 그제야 비로소 퍼즐이 맞춰졌어.

근본적인 원인을 외면하고, 계속 '급한 불만 끄는' 방식으로 문제를 다뤄온 거였어. 나는 고민 끝에 결심했다.

썩은 나무 창틀을 완전히 뜯어내고 새로 교체하기로. 견적을 받아보니, 생각보다 큰돈이 들어갈 것 같아.

솔직히 말해 속이 많이 상했다. 예상치 못한 수리 비용도 그렇지만, 그동안 문제의 핵심을 알면서도 회피해 온 나 자신에게 너무 화가 났어. 생각해 보면 방역업체도, 나도 알고 있었던 같아. 그 집의 진짜 문제는 벌레가 아니라, 썩어가는 나무 창틀이었다는 걸. 하지만 그걸 바

꾼다는 건 비용과 시간이 들고, 귀찮고, 피하고 싶은 일이었다. 그래서 마음 한편에 있는 불편한 진실을 외면한 채, 그저 눈앞의 증상만 없애는 데 몰두했던 거지. 결국, 문제는 더 커졌다.

나와 아빠는 지금 또 한 번 고단한 수고의 길을 걸어야 할 것 같아.

추신: 왜 실수와 실패를 통해 깨달음을 얻고도, 늘 다시 같은 실수를 반복하게 되는 걸까?

#어떻게 들어야, 마음이 들릴까

듣기는 가장 진심 어린 공감이다

"그 말을 믿어?"

"그럼 믿지! 그 사람이 나한테 그런 거짓말을 할 리가 없잖아."

"어휴, 답답해! 당신은 남이 하는 말은 팥으로 메주를 쑨다고 해도 믿으면서, 왜 내가 하는 말은 안 믿어?"

"내가 언제? 당신 말도 믿지. 뭐, 가끔 비판적으로 듣고 반박할 때가 있긴 하지만…"

무슨 대화냐고?

아빠랑 내가 저녁밥 먹으며 주고받은 티키타카 한 만담이지. 솔직히 아빠 말에도 일리는 있어. 나는 남의 말을 곧이곧대로 믿는 편이긴 해. 특히 그 사람이 가까운 사람이면 더더욱. 그 이유는 두 가지인데,

첫 번째는 '그들이 나한테 거짓말할 이유가 없다'는 믿음 때문이고,

두 번째는 '그 말이 설령 틀렸더라도 내 삶에 큰 영향

을 미치진 않는다'는 판단 때문이야.

그런데 아빠의 말은 좀 다르지. 아빠는 가족이잖아.

아빠가 하는 말은 나의 선택이나 일상에 직접적인 영향을 주니까, 나도 무의식적으로 신경을 곤두세우게 돼. 그래서 자연스럽게 방어적으로 듣게 되고, 때로는 말꼬리를 잡거나 의심부터 하게 되는 거야. 이게 내 입장에선 일종의 자기 보호 본능인 셈이지.

인간관계라는 건, 결국 어떻게 듣느냐에서 시작되는 것 같아.

어떤 태도로 상대의 말을 듣느냐에 따라 관계가 쌓이기도 하고 무너지기도 하더라. 나는 상대의 말을 있는 그대로 믿어주는 게 존중이라고 생각했어. 하지만 아빠는 그걸 무비판적 수용, 혹은 호구의 길이라고 보더라.

반대로 아빠는 늘 이렇게 말해.

"나는 비판적으로 듣는 사람이야. 깨어 있으려면 듣는

귀부터 의심해야지."

가짜 뉴스와 조작된 콘텐츠가 넘쳐나는 요즘 같은 시대에, 그런 방식이 깨어 있는 사람의 태도이자 자기 주도적인 사고라고 말해.

나는 아빠의 그런 경청 태도가 너무 냉소적으로 느껴질 때가 있어. 상대의 말을 의심부터 하고 듣는다면, 말하는 사람과 신뢰를 어떻게 쌓을 수 있겠냐고 되묻곤 하지.

'칫, 그런 태도로 어떻게 사람을 사귀겠어? 의심부터 하고 들으면, 결국 아무도 마음을 열지 않게 돼.'

그러다 보면 이런 말까지 나온다.

"당신이 그렇게 사람 말을 안 믿으니까, 친구가 한 명밖에 없지!"

"어휴, 당신은 친구 많아서 좋겠네. 그래도 호구 안 되게 조심하게!"

엄마 아빠의 대화, 웃기지?

나도 가끔은 자신을 의심해. 어쩌면 남의 말을 의미로 듣는 게 아니라, 상대의 기분을 거스르지 않으면서 내가 하고 싶은 말을 이어가기 위해 흘려듣는 소리로만 듣는 건 아닐까? 하고.

아빠에게는 말하지 않았지만, 나는 아빠의 경청 태도도 나름의 의미가 있다고 생각해.

말은 때때로 의도를 감춘 포장지 같으니까.

겉은 예쁘게 싸여 있어도, 안에 뭐가 들었는지는 열어 봐야 알 수 있는 것처럼, 말속에 숨은 진짜 뜻도 생각해 볼 필요가 있는 거지.

여하튼, 너는 어때?

친구들이 하는 말을 다 믿는 편이야?

아니면 의미를 곱씹고 따져보며 듣는 편이야?

네가 또 '헉, 길다' 할까 봐 걱정되네.

#꿈꾸지 못하게 만드는 말

편견은 자기다움을 잃어버리게 한다

    모 백화점 문화홀에서 열린 서울옥션 경매장.

    입구에서 번호판을 건네받고 관객석에 앉았을 때, 나는 그곳이 주는 팽팽한 긴장감과 묘한 흥분감에 압도당하는 기분이었어. 응찰자석 정면에는 그림을 선보이기 위한 무대가 설치되어 있었고, 무대 위 스크린에는 '출품번호 ♣번'이라는 글씨가 선명하게 떠올랐지.

    진행자는 맑고 또렷한 목소리로 입을 열었어

    "출품번호 ♣번, 사석원 작가의 『꽃과 당나귀』 프린트 에디션 작품입니다. 추정가는 30만 원에서 60만 원입니다. 시작가는 10만 원입니다."

    '추정가', '시작가' 그 모든 말이 낯설었어. 그저 미리 봐 둔 '꽃 짐을 진 당나귀' 작품에 마음을 빼앗긴 채, '원본은 못 사도 프린트 작품은 꼭 가져가겠다'라는 다짐으로 자리에 앉아 있었어.

    그때가 내 생애 첫 그림 경매 참여였기에, 나는 주위를

두리번거리며 다른 사람들의 행동을 매의 눈으로 관찰했지. 그들이 하는 대로 따라 하면 되겠지, 하는 마음으로.

진행자의 말이 끝나자, 응찰자석 곳곳에서 번호판이 하나씩 올려지기 시작하더라. 숨죽인 긴장감 속에서 진행자는 능숙하게 응찰자를 지목하며 말을 이어갔어.

"10만 원 나왔습니다. 15만 원 찾습니다."

잠시 후, 어떤 응찰자가 번호판을 들었고, 진행자는 바로 반응했어.

"15만 원 감사합니다. 20만 원 찾습니다. 20만 원 없습니까?"

그때 나도 조심스럽게 번호판을 들었지.

진행자는 금세 반응하며 말했어.

"20만 원 나왔습니다. 25만 원 찾습니다."

곧 또 다른 응찰자가 번호판을 들었고, 그렇게 응찰가

는 60만 원에 가까워졌어. 나는 마음을 빼앗긴 그 작품을 아쉽게 바라보며, 떨리는 손으로 번호판을 꼭 쥐고 고개를 떨궜지. 결국, 그 그림은 70만 원에 낙찰되었어. 그런데 이상하게도 묘한 느낌이 스치더라.

어쩐지 분위기에 휘말린 것 같고, 오히려 내가 그 그림을 놓친 게 다행이라는 생각이 들었어. 그런 기분은 나만 느낀 게 아니었던 것 같다.

어떻게 아냐고?

바로 이어서 진행된, 사석원 작가의 또 다른 프린트 에디션 『꽃과 말』 작품의 경매에서 분위기가 확연히 달라졌기 때문이야.

경매가는 35만 원까지 올라갔지만, 어느 순간 번호판이 더 이상 올라오지 않는 거야. 진행자가 천천히 말했어.

"35만 원 없습니까?"

응찰자석은 고요했지.

사실 나는 『꽃과 당나귀』 경매에 응찰하며 '아, 여긴 내가 그림을 살 수 있는 곳이 아니구나' 하는 체념이 들어서 아예 번호판을 들지 않고 지켜보기만 했거든. 그런데 바로 그때, 내 마음속에서 '지금이다' 싶은 직감이 번쩍였어.

숨을 삼키고, 내 손에 들린 번호판을 조심스럽게 들어 올렸지.

진행자가 말했어.

"35만 원 나왔습니다. 40만 원 찾습니다."

나는 속으로 간절히 외쳤어.

'제발, 아무도 번호판을 안 들었으면 좋겠다.'

기적같은 일이 일어났어. 정말, 그 누구도 더는 번호판을 들지 않았거든.

"35만 원, 더 없으십니까? 낙찰합니다. 낙찰!"

진행자의 마지막 말이 떨어졌어.

조용한 정적을 깨고 울려 퍼진 '낙찰'이라는 단어. 나는 속으로 "오, 예!"라는 환호성을 질렀어. 비록 처음 원했던 작품은 아니었지만, 낙찰이라는 경험은 그 자체로 짜릿했거든. 막상 작품을 내 손에 넣고 보니, 『꽃과 말』쪽이 더 좋아 보였어. 나중에 그림을 건네받았을 때, 관계자가 환한 얼굴로 나에게 건넨 말이 아직도 귀에 선하다.

"선생님, 축하드립니다. 오늘 경매에서 최저 금액으로 낙찰받으셨어요."

나는 서울옥션에서 낙찰받은 그림과 함께 그 짜릿한 경험을 아빠에게 신나게 전했지. 그런데 아빠의 반응은 예상과 정반대였다.

아빠는 불같이 화를 내며 이렇게 말했어.

"우리가 그림을 살 정도로 부자야?"

　아빠의 상식 속에서 그림을 사는 사람은 '부자', 그림 수집은 그들만의 고급 취미였던 거지. 그런데 내가 서울 옥션에서 그림을 사 왔다는 말을 듣고, 아빠는 그것을 허세로, 분수에 맞지 않는 행동으로 몰아붙였어.
　'아니, 내가 몇백만 원짜리 명품 가방을 사 온 것도 아니고…'
　작가의 상상력과 혼이 담긴 창작물을 우리 집 벽에 걸어두고 싶었을 뿐인데…
　돌아온 건 격한 비난과 편견뿐이었다. 너무 억울했고 답답했었어. 사실, 나는 그림 구매 경험을 공유해서 아빠의 칭찬과 응원을 기대했었거든. 하지만 쏟아진 비난 앞에서 기운이 쭉 빠져버렸어. 그때 이후로, 다시는 그림 경매장 근처에도 가지 않았어.
　아빠와 다투기 싫어서?
　그런 감정도 있었지만, 사실은 무언가 안에서 꺾여버

린 느낌 때문이었어.

  무식하면 용감하다는 말이 있지. 처음엔 아무것도 모른 채, 그저 용기 하나로 낯선 세계에 뛰어들 수 있었는데, 비난을 받고 나니 새로운 세상에 대한 호기심, 모험심, 기세 같은 건 다 사라져 버리더라.

  그 사건 이후, 나는 깨달았다. 편견과 비난이 얼마나 쉽게 사람을 위축시키는지를. 나중에 아빠가 사과했어도, 이미 늦은 뒤였다.

  누군가의 '너무 과하다'라는 말 한마디가 한 사람을 다시는 꿈꾸지 못하게 만들 수 있다는 것도 알게 됐다. 하지만 너는 그런 사연은 모른 채, 그저 우리 집 벽에 걸린 사석원 그림을 바라보며 내가 했던 말만 기억하겠지.

  "저 그림 안에는 우리 가족이 있어.
  푸른 갈기를 휘날리며 서 있는 하얀 백마는 '너'고,
  뒤에 누렁 팅팅한(?) 조랑말은 '아빠'야."

그러자 네가 물었지.

"그럼 엄마는 어디 있어?"

나는 웃으며 대답했어.

"나는 분홍색 배경 속에서 꽃을 피우고 있지.
그림 배경 전체가 엄마야."

네가 그때 나눈 대화를 기억할지 모르겠지만.

그렇게, 사석원의 작품은 우리 가족의 풍경이 되었지.

#오해 너머의 마음

한 번 더 묻고, 듣고, 확인하는 태도가 필요하다

새벽 다섯 시.

이른 새벽에 버스를 타러 나선 날이었어. 텅 빈 정류소에 나보다 먼저 와 있던 남자 실루엣이 눈에 띄었지. 나는 간이 큰 편이라 무섭진 않았지만, 솔직히 약간 경계한 것도 사실이야.

그건 그가 외국인이어서가 아니라, 아무도 없는 새벽에 남자와 단둘이 버스를 기다리는 상황 자체가 좀 부담스러웠기 때문이었어. 아마 이 글을 읽는 남자들은 '남자가 뭘 어쨌다고?' 라고 생각할지도 모르겠지만.

어쨌든 나는 어둠 속을 뚜벅뚜벅 걸어 정류소 가까이 다가섰는데, 그 사람이 조심스럽게 몸을 일으키더니, 나와 눈이 마주치자, 어눌한 한국말로

"버스 기다리고 있어요."라고 말하더라.

그 외국인 청년은 내가 뿜어낸 모든 신체 언어가 불안과 경계심이었다는 걸 알아차리고, 자기가 먼저 조심스

럽게 마음을 열었던 거야.

나는 괜히 미안해졌어. 가까이서 보니 외국인이라 정확한 나이는 가늠하기 어려웠지만, 딱 봐도 너 또래쯤 되어 보였거든.

'아, 내가 지금 뭘 한 거지?' 하는 생각이 들었어.

우리는 서로를 얼마나 자주 오해하고 있을까. 오해가 만들어낸 불신을 눈치채는 순간, 얼마나 많은 사람이 상처받고 있을까.

그날 새벽, 나를 부끄럽게 했던 건 내 오해를 알아차리고도 먼저 내 마음을 편하게 해 주려 했던 그의 태도였어. 어른답지 못했다는 생각에 외국인 청년에게 조금 미안해졌어.

생각해 보면, 우리 모두는

불안해서 서로를 오해하고,

오해해서 경계하고,

오해 너머의 마음 - 91

경계해서 타인을 믿지 못하는지도 몰라.

버스 안에 앉아 있으니 여러 가지 생각이 밀려오더라. 저 친구는 이 새벽에 어디를 가는 걸까?

나와 저 친구는 태어난 곳도, 살아온 방식도 다르지만, 같은 시간, 같은 버스를 타고 길을 나서고 있구나.

#불안에 휘둘리지 않는 법

한 걸음 물러서서 바라보기

『내 하루에서 튀어나온 한 편의 미니 동화』

고양이 둥이는 산책을 무척 좋아했다. 목줄을 달고 나서면 세상이 다 신기했다. 꽃 냄새를 맡고, 풀잎을 먹고, 햇살을 쫓아 폴짝폴짝 뛰어다녔다.

늘 그렇듯 둥이는 새벽 산책 겸 순찰을 위해 현관문을 나섰다. 공동현관에 다다랐을 때였다. 문은 커다란 통유리로 되어 있었고, 그 유리 위에 낯선 사람과 고양이 한 마리의 그림자가 어른거렸다.

둥이는 바짝 긴장했다. 낮게 허리를 숙이더니, 그 그림자를 향해 거침없이 하악질을 퍼부었다.

"누구야!"

둥이는 몸을 웅크리고 도망칠 준비를 했다.

그림자도 똑같이 몸을 낮췄다.

둥이가 한발 다가서자, 그림자도 다가왔고, 둥이가 움

찔하자 그림자도 움찔했다. 겁이 난 둥이는 뒤도 돌아보지 않고 집으로 달려가려 했다.

그때, 뒤따라오던 집사가 둥이를 살며시 안아주며 말했다.

"겁먹지 않아도 돼. 저 그림자는 너와 나야."

둥이는 집사의 품에서 숨을 고르며 조심스레 고개를 돌려, 집사의 손짓을 따라 다시 유리를 바라보았다. 조금 멀리서 보니, 그 무섭던 그림자는 다름 아닌 집사와 자기 모습이었다. 둥이는 살금살금 다가가 유리에 코를 대보았다. 차가운 감촉만 느껴질 뿐이었다.

넌 금방 눈치챘겠지. 이 이야기는 야니와 내가 실제로 겪은 일이야. 야니는 산책하러 나가다가 공동현관 유리에 비친 나와 자신의 모습을 보고 깜짝 놀랐단다. 그리고 너무 놀란 나머지 하악질을 하며 뒷걸음질 쳤어. 일

전엔 산책하다가 리더줄을 놓친 적도 있었어.

그 순간 야니는 놀라서 무작정 달려가기 시작했단다.

달리는 동안 리더줄 손잡이가 땅에 부딪히며 요란한 소리를 냈어. 그 소리에 놀란 야니는, 자신을 쫓아오는 무서운 소리를 피해 더 빠르게 달렸지. 나는 달려가는 야니를 붙잡으려다 무릎을 다치기도 했단다.

그런데 말이야, 이런 일은 야니만 겪는 게 아니야. 살다 보면 너도 야니처럼 이유 없이 무섭고 걱정스러운 순간을 만날 거야. 그럴 때는 야니처럼 무작정 달려가거나 피하지 말고, 숨을 크게 한 번 들이쉰 다음, 한 걸음 물러서서 바라보기를 바란다.

그렇게 한 걸음 물러서면, 네가 맞닥뜨린 상황이 정말로 위험한지, 아니면 네 마음이 만들어 낸 불안인지 분명히 보이기 시작할 거야.

불안에 매몰되지 않는 또 하나의 방법은, 완벽을 내려

놓는 것이야. 갑자기 웬 완벽 이야기냐고? 나도 살아오면서 깨달았단다.

내가 했던 많은 걱정과 불안은 완벽하게 잘하고 싶다는 마음에서 비롯된 거였어.

완벽을 기대하면 기대할수록, 실패는 더 무섭게 느껴졌지. 그래서 실패하지 않으려고, 나도 야니처럼 내 뒤를 쫓아오는 걱정과 불안을 피해 더 빨리 달리고, 더 많이 애썼던 것 같아.

야니가 리더줄을 매단 채 무작정 달리지 않고, 내 목소리를 듣고 멈춰 섰더라면, 상황은 훨씬 덜 무서웠을 거야. 그러니까 너무 겁먹지도, 실패를 피하려고 애쓰지도 말고, 그냥 최선을 다한 뒤 결과를 받아들이겠다고 마음먹어 봐. 그게 불안을 덜어주는 데 도움이 될 거야.

#새로운 교양을 배우는 시간

입이 재앙이다

요즘은 말 한마디도 참 조심스럽지?

나도 그래. 가끔은 말이 뇌를 거치기도 전에 툭 튀어나올 때가 있어. 그런 말은 꼭 누군가의 마음을 단단히 건드려 버리더라.

몇 년 전쯤, 너의 외숙모가 외삼촌 이야기를 자랑스럽게 꺼냈어. 외삼촌이 중소병원 내과 과장으로 입사했는데, 병원 외벽에 외삼촌 이름이 적힌 현수막까지 걸렸다면서 정말 기뻐하시더라.

나도 속으론 '이야, 정말 대단한걸!' 싶었어. 내 동생 일이니까. 그런데 괜히 장난기가 올라와서, 어릴 적 우리 형제들끼리 주고받던 농담이 툭 튀어나왔어.

"그럼, 이제 성민이가 명의가 된 거야?"

그 말을 들은 외삼촌은 웃으며 넘겼지만, 외숙모 얼굴이 순간 굳는 걸 봤어.

그 표정을 보는 순간 알겠더라.

'아차, 내가 실수했구나.'

어떻게 수습해야 할지 모르겠어서 그냥 넘겨버렸는데, 그 이후로 외숙모가 나를 대하는 표정과 태도는 분명 달라졌어. 미안한 마음에 괜히 더 친근하게 다가가 보려 했지만, 외숙모의 반응은 냉랭했지.

시간이 지나니까 나도 좀 억울하다는 생각이 들긴 했어. 뭘 저렇게 예민하게 받아들일까 싶기도 했지.

여하튼 그날 이후, 나는 속으로 속앓이를 했고, 언젠가 이 어색함을 꼭 풀고 싶다고 마음먹었어. 그러던 어느 날, 외삼촌 딸, 그러니까 빈이가 의대를 목표로 대입 준비를 하고 있다는 소식을 들었어.

마음을 풀어줄 기회가 왔다고 생각하고, 아부를 떨기 시작했어. 수시 원서를 넣는 시기 맞춰 절에 가서 '의대 합격'이라는 메시지를 정성스럽게 써서 등을 달고, 그걸 사진으로 찍어 외삼촌 부부에게 보냈어.

   수능 당일엔 할머니, 할아버지까지 모시고 절에 가서, '실수하지 않고 시험 잘 치고 오라'고 함께 기도도 했지. 그 순간도 인증 사진으로 남겨서 외삼촌에게 전했어.

   정성이 통했는지, 빈이는 의대에 합격했단다. 솔직히 말하자면 나도 빈이의 꿈을 진심으로 응원했지만, 내 말실수로 멀어진 관계를 회복할 수 있는 마지막 기회라고 생각했기에, 더 간절하고 정성스럽게 응원했던 것 같아.

   다행히 그 진심이 전해졌는지, 최근에 다시 만났을 땐, 외숙모가 예전처럼 환하게 웃으며 인사해 주더라.

   그 미소를 보며 속으로는 이렇게 중얼거렸지.

   '어휴, 내가 이제 너희들 앞에선 입도 벙긋하지 않을 거야. 입에 자물쇠를 달든지 해야지, 원~'

   그 일을 계기로 많은 걸 생각하게 됐어.

   '내가 던진 말은 깃털처럼 가벼운 솜뭉치라고 여겼는데, 그 말이 상대의 삶이나 상처에 닿는 순간, 단단한 돌

덩이가 될 수도 있겠구나'라고 말이야.

생각해 보면, 그런 말을 참 많이 했던 것 같아.

상대는 진심을 담아 꺼냈는데, 나는 장난처럼 받아쳤고. 대화를 편하게 하려던 말이 오히려 벽을 만들기도 했지. 그중 하나가 바로 "애인 있어?" 같은 말이야.

예전엔 "애인 있어?" 같은 질문이 자연스러웠지.

가족끼리도, 지인끼리도 자주 오갔던 말이었고, 명절 때 그 질문이 싫어서 일부러 피하는 사람도 있었지만, 그 한마디가 연애 경험, 삶의 선택을 들춰보는 예민한 질문이 될 수 있다는 생각은 못 했던 것 같아. 하지만 요즘은 그런 말들에 담긴 가정과 전제를 먼저 생각해야 하더라. 그래서 "요즘 누구랑 자주 연락해?", "편하게 이야기 나누는 사람 있어?"처럼 관계를 열어두는 방식으로 묻는 게 교양 있는 표현이라고 하더라.

내가 알던 교양은 지식이 많고 말을 유창하게 잘하는

거였는데, 요즘은 말을 꺼내기 전에 한 번 더 생각하고, 표현에 배려를 담는 사람이 교양 있어 보이는 시대가 된 것 같아.

 말을 잘하는 사람보다, 말에서 마음이 느껴지는 사람이 더 멋있어 보인다고 해야 할까? 이건 단순히 말실수를 피하자는 차원을 넘어서, 다른 사람의 감정과 정체성을 존중하는 태도가 새로운 교양의 기준이 되어가는 시대라는 생각도 들어.

 솔직히 말하면, 그 기준에 맞추어 가는 게 쉽지만은 않아. 무슨 말을 하든, 이 말이 어떻게 닿을까를 늘 고민해야 하고, 내가 살아온 시대의 감각과 지금 너희 세대의 감수성이 다르니까, 그 정서적 간극을 공부해서 따라가는 것도 꽤 벅차게 느껴져.

 그럼에도 불구하고 너와 나, 우리 모두는 성별, 가족 형태, 외모, 배경 등 하나의 기준으로는 설명되지 않는

다양성의 시대를 함께 살아가고 있잖아.

 예전엔 농담처럼 지나갔던 말이 이제는 누군가의 존재 전체를 부정하는 말이 될 수도 있다는 걸 인지해야 할 것 같아. 또, 지식보다 더 중요한 건 '내 말이 상대에게 어떻게 닿을까'를 먼저 생각하는 능력이라는 걸 기억하며 살아가야 하지 않을까 싶어.

#외국회사 입사기 대방출?

성공의 멋진 서사 뒤엔 잘려나간 컷들이 많다

『상상으로 써본 짧은 소설 한 장면』

우리는 함께 출발했었다.

같은 경영학과, 같은 회사, 같은 인턴 명찰.

그가 정직원으로 채용됐다는 소식을 들은 날, 나는 또다시 면접 탈락 메일을 받았다. 그는 여전히 내게 따뜻한 손을 내밀었지만 나는 아무 말없이 그 손을 밀어냈다. 그와 함께 있으면, 내 실패가 더 선명해졌다. 그가 잘못한 게 아니었다. 다만 나는, 계속 실패하는 나를 누군가의 성공 옆에 놓을 자신이 없었다.

"여자는 직장 좋은 남자 만나 결혼하면 되니까 굳이 직장을 가질 필요는 없어."

예전에는 이런 말이 당연하게 통했어.

하지만 요즘은 다르지. 여자든 남자든, 똑같이 교육받

고 똑같이 취업을 준비해. 함께 회사 인턴십을 하며 입사를 꿈꾸던 소설 속 어느 연인처럼 말이야. 두 사람은 같은 전공, 같은 꿈을 꾸었는데, 남자는 정직원이 되었고 여자는 탈락했어. 여자는 다른 회사에서 다시 인턴을 하며 기회를 찾았지만, 번번이 실패했지. 결국 그녀는 "미안해"라는 말을 남기고 그의 손을 놓아버렸어.

취업.

정말 겉으로 내놓고 말하기 어려운 주제야. 해가 갈수록 문은 좁아지고, 이제는 AI 시대까지 겹쳐서 일자리 지형이 빠르게 바뀌고 있어. 아마 너도 공부하면서 늘 미래를 걱정하겠지. 계획이 무의미하게 느껴지고, 불확실성 앞에서 한숨 쉬는 날도 많을 거야.

나도 그랬어.

나는 지방에 있는 대학에서 경제학을 전공했는데, 졸업할 무렵 내게 주어진 현실은 '중소 무역회사라도 들어

가면 다행이다'였어. 내 스펙이라곤 한글 타이핑 좀 하고, 영어를 읽고 해석할 줄 안다는 정도였지. 전공 지식? 취업에서는 배운 내용보다는 학점이 면접에서 더 말이 되더라.

"공부는 열심히 하셨네요." 이런 말.

지금 돌아보면 국문학과에 갔으면 글쓰기에 더 도움이 되었을 것 같아.

어쨌든 나 역시 좁은 취업문 앞에서 낙담을 반복했어.

첫 외국계 회사에 입사하기 일주일 전,

나는 '내가 무엇을 할 줄 아는가'보다

'어디에서 일하고 싶은가'를 먼저 떠올렸어.

그건 외국계 회사였지. 그 당시에는 복지가 좋았거든. 외국계 회사에 입사할 방법을 고민하던 중에 근로 장학생으로 일할 때 봤던 작은 책자 한 권이 생각났어. 그 안엔 지방에 있는 외국회사 리스트가 있었지. 나는 그 리

스트를 받아와서, 하나하나 전화를 걸기 시작했어.

"안녕하세요. 저는 일자리를 찾고 있는데요, 혹시 직원 채용 계획이 있으신가요?"

돌아오는 대답은 거의 모두 "계획 없습니다."였어. 지쳐가던 순간, 마지막이다 싶어 누른 전화에서 상대방이 "잠시만요" 하더니 대표에게 연결을 해줬어.

"우리가 사람 뽑는 걸 어떻게 알았어요?"

대표의 첫 질문이 그거였어.

외국계 회사는 보통 공채가 아니라 추천으로 채용하거든. 그러니 내 전화를 이상하게 여긴 거지.

어떻게 되었는지 궁금하지? 나는 내 힘으로 당당히 입사했어. 너무 간절했기에, 면접에서 '허풍'을 조금 보탰거든.

"영어 잘하고요, 영어 타자도 빠릅니다. 본사랑 직접 소통하며 비서 역할까지 할 수 있어요."

나중에 들으니, 나보다 능력 있는 경쟁자는 일정 임금을 요구했지만, 나는 "뽑아만 주신다면 주시는 대로 받겠습니다."라고 한 점이 유효했다더라. 아마 낮은 임금 요구와 뻥 친 자신감이 취업문을 열게 한 것 같아. 하지만 내 뻥은 입사 하루 만에 들통났어.

영어 타자 속도는 느렸고, 회화는 거의 불가능했어.

곧 해고될 수도 있었지.

그런데도 버틸 수 있었던 건, 본사가 미국 휴스턴에 있었고 시차 때문에 직접 통화할 일이 드물었기 때문이야.

그런 상황에서 나는 사무실 한쪽 벽을 가득 채운 캐비닛 속 서류들을 살피다가 기회를 발견했어.

매일 밤 집에 가서 영어 타자 연습을 했고, 캐비닛의 서류들을 가져가 읽고 해석하며 업무 흐름을 익혔지. 그 내용을 엑셀에 정리해서, 일의 진척 상황을 눌어보는 직원과 대표에게 그 자리에서 답할 수 있도록 준비했어.

운 좋게도, 대표가 그런 내 노력을 좋게 봐준 것 같아. 그렇게 난 그 회사에서 8년을 다녔고, 후회 없는 첫 커리어를 만들 수 있었지. 그런데 갑자기 나의 회사 입사기를 왜 길게 말하냐고?

만일 내가 SNS에 아래와 같은 썸네일을 만들어서 '외국회사 입사법' 영상을 만들었다고 가정해 보자.

♣외국계 회사 입사법 대방출!

영어? No.

스펙? No.

독수리 타법? OK.

필요한 건 단 하나,

☎ 전화기를 들 용기였습니다.

채용 공고? 필요 없습니다.

회사 리스트 뽑고, 하나씩 직접 전화!

면접? 자신감과 뻥 한 스푼.

입사? 캐비닛 뒤져가며 타자 연습하며 버팁니다.

열정만으로 외국계 회사 입사 가능?

가능합니다.

어때? 이런 영상을 볼 마음이 드니?

하지만 말이야, 내 외국회사 입사기 체험담의 진짜는 극적이라서가 아니라 지독히 현실적이라서 의미 있는 거야.

하루에 몇 번씩 거절당하며 전화기를 들던 내 손은 떨렸고, 면접에서 내뱉은 말의 절반은 사실 간절한 허풍이었지. 입사 후엔 독수리 타법으로 쩔쩔맸고, 해고될까 봐 매일 숨죽여 지냈어. 퇴근 후엔 서류를 들고 가서 하나하나 해석해서 업무 루틴을 찾아냈고, 영어 타자 연습에 손이 부르트도록 연습했어.

그러니까,

SNS 속 "외국계 회사 입사법 대방출", "3개월 만에 억대 연봉" 같은 문장은 간절함도, 좌절도, 두려움도 지워진 성공의 일부 조각일 뿐이야.

진짜 중요한 건 화려한 성과가 아니라

불안 속에서도 멈추지 않은 작은 실행이라는 걸,

그때의 내가 알려주더라. 나는 그걸 너와 공유하고 싶은 거고.

그래서 나는, 사랑했지만 자신의 실패를 더 선명하게 만드는 이성과 이별했던 소설 속 여자에게도, 그리고 지금 열심히 취업을 준비하고 있는 너에게도 말해주고 싶어.

"비교하지 말라고. 불안해하지 말라고."

그런 말, 너무 교과서 같아서 식상하게 들릴지 모르지만, 정말 하고 싶은 말이야. 불안 속에서도 멈추지 않고,

천천히, 작게라도 한 걸음 내딛다 보면 기회는 분명 온다는 것을 취업 선배로서 말해주고 싶었어.

그리고 무엇보다, SNS에 떠도는 성공 서사의 반짝이는 문장 뒤에는 지워진 맥락이 있다는 걸 잊지 않았으면 해.

그들이 말하는 '3개월'에는

3년의 실패,

부모의 지원,

우연한 기회,

보이지 않는 울음과 고독이 숨겨져 있다는 걸.

그러니 누군가의 결과를 부러워하기 전에 네가 진짜 원하는 게 뭔지를 먼저 바라봐 줘. 첫걸음이 작고 어설퍼도 괜찮아.

멋지지 않아도 괜찮아.

중요한 건 계속 나아가고 있다는 것, 그 자체로 충분하

니까.

  추신: 대표님, 부족한 저를 바로 해고하지 않고, 기회를 주신걸 이 자리를 빌어 감사드립니다.
  아직도 눈에 선합니다. 저의 어눌한 영어 소통력과 독수리 타법, 영어 타자 속도에 기겁하신 표정^^

#우리는 왜 귀여운 것에 끌리는 걸까

무해한 콘텐츠는 심리적 안정감을 준다

　북앤콘텐츠페어에 출간 작가로서 전시에 참여한 적이 있어. 그때 나는 강연자로 무대에 서기도 했고, 내 책을 소개하는 부스에도 자리했지. 행사장에는 다양한 출판사들이 참여했고, 내가 속한 출판사는 1인 신생 출판사였어.

　그 출판사는 자신의 이미지를 대표할 두 가지 로고 시안을 준비했고, 관객들이 그 로고를 보고 마음에 드는 곳에 스티커를 붙이는 투표 이벤트를 열었지.

　하나는 책을 들고 있는 클래식한 디자인이었고, 다른 하나는 귀엽지만 출판사 이미지와는 다소 동떨어진 캐릭터 로고였어. 출판사 대표와 나는 당연히 책을 들고 있는 로고가 더 많은 표를 받을 거라고 생각했지. 아무래도 전문적이고 신뢰감을 주는 이미지니까.

　그런데 결과는 예상과 달랐어. 귀여운 캐릭터 로고가 압도적으로 많은 선택을 받은 거야. 왜 그런지 궁금해

서, 나는 관객들에게 직접 물어봤어.

어린 친구들에게 이유를 묻자, 대부분이 같은 대답을 했지.

"그냥 귀여워서요."

성인들에게도 이유를 물었어. 그랬더니 뜻밖의 답이 돌아왔지.

"무해한 매력이 있어서요."

그때 알았어. 무해해서 좋다는 감각에는 사람들이 편안하게 느끼는 어떤 특별한 힘이 있다는 걸.

자극적이지 않고, 편안하고, 그저 곁에 두고 싶어지는 에너지 말이야. 그 무해한 매력이 사람들 마음속에 얼마나 큰 자리를 차지하고 있는지 그때 처음 깨달았어.

그 경험을 통해 내 폭망(?)한 유튜브 채널들이 떠올랐어. 너도 기억하지? 내가 두 번이나 도전했던 채널들.

첫 번째는 '동요마스터HJ'라는 이름으로 만들었지. 네

가 "이 이름은 너무 올드하고 무겁다"라고 했는데, 내가 우겨서 그대로 진행했잖아.

그 후, 정말 심혈을 기울여서 동요 영상을 만들었는데, 나를 아끼는 몇몇 지인과 친구들만 구독했지. 결국 그 채널은 나만 보는 채널이 되고 말았지.

포기하지 않고 두 번째 도전했는데, 상황은 더 나빠졌어. 이번엔 친구들조차 구독하지 않더라. 그러던 어느 날, 믿기 어려운 일이 생겼지.

내가 그냥 고양이 야니와 있었던 작은 해프닝을 편집 없이 짧게 찍어 올린 숏폼 영상이 2,400회 조회수를 넘긴 거야.

너무 어이가 없더라. 그건 정말 편집도 없이 그냥 툭 올린 영상이었거든.

나는 생각했어.

'내가 심혈을 기울인 동요 콘텐츠는 조회수 20, 30을

넘기지 못했는데, 이 짧은 고양이 영상이 이렇게 사랑받다니…?'

곰곰이 생각해 보니, 그 영상이 사랑받은 이유도 무해력 덕분이 아닐까 싶더라.

아무런 책임을 요구하지 않고, 그냥 웃으며 볼 수 있는 편안함. 그게 사람들이 원했던 것 같았어.

그런데, 사람들은 왜 무해한 콘텐츠를 찾을까?

"너의 엄마 채널 영상을 보고 있으면, 세상이 너무 조용하고 편안하게 느껴진다."

그때 네 친구가 전해준 말이 아직도 기억나.

내 자식인 너조차 보지 않던 내 채널을,

구독을 해놨더니 동영상 알고리즘이 자꾸만 동요만 들려준다며 구독 취소를 해버린 그 채널을,

네 친구가 찾아서 보며 그런 말을 해줬다는 게 얼마나 고마웠는지 몰라. 어쨌던, 그 말을 곱씹을수록 드는 생

각은 '정말로 사람들은 일상에서 많은 피로를 느끼고 있구나'였어. 끊임없이 쏟아지는 정보와 치열한 경쟁, 뉴스 속 사건 사고, SNS에서의 비교, 직장과 학업에서의 스트레스…

그 복잡한 일상 속에서, 내가 만든 동요 콘텐츠나 고양이 야니의 일상이 작은 피난처처럼 느껴졌을지도 모르겠더라.

그러다 문득 궁금해졌어. 왜 내 동요 콘텐츠보다 고양이 야니 콘텐츠가 더 많은 관심을 받았을까? 둘 다 무해한데 말이지.

그건 아마도 야니의 영상은 그저 웃으며 바라볼 수 있기 때문이 아닐까 싶어.

아무것도 요구하지 않고, 그저 존재하는 모습만으로 편안함을 주는 것. 반면에 내 동요 콘텐츠는 어쩌면 보이지 않는 요구가 있었을지도 몰라.

"동요가 좋아요. 동요 좀 들어주세요!"

라는 묵시적 메시지가 숨어 있었는지 모르겠다는 생각이 들었어. 이런저런 나의 조각난 생각들이 맞는지 확신이 없어서 무해력에 대해 조금 찾아보았지. 놀랍게도 심리학적으로, 무해한 콘텐츠는 사람들의 안정감을 높이는 역할을 한다고 하더라.

마치 아이들이 애착 인형을 꼭 안고 자듯, 어른들도 무해한 콘텐츠를 보며 심리적 안정을 찾는 거야. 어린 시절 우리가 애착 인형을 손에서 놓지 못했던 이유가 단지 '귀여워서'가 아니라, 그 인형이 주는 편안함과 안전함 때문이었던 것처럼 말이야. 그래서 사람들은 경쟁적이고 자극적인 콘텐츠 대신, 평화롭고 부드러운 장면에 끌리게 된다는 거야. 아무 요구 없이 그저 곁에 있어주는 것의 힘을 무의식적으로 원하는 거지. 무해력에 대한 내 모든 경험이 수렴하는 곳은 결국 '평온'이라는 단어로

귀결되는 것 같아.

  복잡한 현실 속에서 사람들은 잠시라도 편안히 숨 쉴 수 있는 공간을 찾아 헤매는 것 같아. 그곳이 고양이 야니의 일상일 수도 있고, 아무런 맥락 없이 바람에 흔들리는 나뭇잎 영상일 수도 있지. 그냥 존재하는 것만으로도 편안해지는 그런 무해한 것들이 현대인에게 안식처가 되어주는 것 같아.

  그런 의미에서 나도 너에게 무해한 안식처로서 존재하고 싶다는 생각이 드네.

#대화의 사각지대

말해도, 말하지 않아도 모를 수 있다

『상상으로 그려본 짧은 소설 한 장면』

"이렇게 사는 건 지옥이야."
"왜 그렇게 말해요? 무슨 일 있으세요?"
딸이 묻는다.
어머니는 얼굴을 찡그리며 시선을 남편 쪽으로 돌린다.
"왜, 아버지가 어머니 힘들게 하세요?"
딸은 거실 소파 한가운데 앉아 눈을 감고 있는 아버지를 힐끗 쳐다보며 다시 묻는다.
"아니, 몸이 아파서 그래. 온몸이 쑤시고 다 아파."
"병원은 다녀오셨잖아요."
딸은 어머니의 통증 앞에 무력감을 느낀다. 자신이 도와줄 수 있는 게 하나도 없기 때문이다.
"그런데 요즘 내가 드는 생각이…"

 어머니의 시선이 과거의 시간 속을 더듬듯 천천히 떠올라, 한 곳에 머문다.

 "나도 나의 시어머니를 모셨거든. 그때 나는 시어머니가 너무 싫었고, 빨리 돌아가셨으면 좋겠다고 생각한 적도 있었어. 그런데 지금 내가 딱 그 시어머니가 된 것 같아."

 "왜, 며느리가 어머니를 힘들게 해요?"

 딸이 살짝 과장된 말투로 묻는다.

 "그런 게 아니라, 그냥… 나도 그때 시어머니를 모시는 게 힘들고 지겨웠는데, 지금 내 자식도 그런 생각을 하겠지 싶어서. 혼자서 해본 생각이야."

 어머니는 한숨을 내쉬며 조용히 말했다.

 "어머니, 왜 그런 생각을 해요? 그때의 할머니랑 어머니는 다르잖아요. 그리고 노화로 인한 통증은 누구나 오는 거니까, 너무 속상해하지 마세요. 조금 더 기분 좋은

생각을 해보면 어때요?"

 딸이 조심스럽게 제안했다.

 "기분 좋은 일이 있어야 하지. 네 아버지는 낮에는 온종일 저렇게 소파에 앉아서 자다가, 밤에는 잠이 안 온다고 불평만 하셔."

 어머니가 남편을 불만 가득한 눈빛으로 힐끗 보더니 다시 시선을 돌렸다.

 "그게 뭐 어때서요? 아버지도 할 일이 없고, 기력이 달려서 그러시는 거잖아요. 그냥 하고 싶은 대로 두고, 어머니는 지켜보기만 하면 안 돼요?"

 "어떻게 지켜보기만 해? 밤새 잠 안 온다고 나한테 잔소리하고 귀찮게 구는데."

 어머니는 답답한 얼굴로 대답한다.

 "그러면 그냥, '나는 잠이 와서 자야 하니까, 쉬세요'라고 말씀드리면 되잖아요."

이제는 딸의 목소리에도 짜증이 묻어난다.

"넌 참, 모르는 소리만 하네. 네 아버지가 남의 말을 듣는 사람이니? 평생 자기 하고 싶은 대로 살아왔고, 그게 안 되면 낮이고 밤이고 버럭버럭 소리 지르는 사람인 거 몰라?"』

소설 속 노부부는 1940년대에 태어났어. 그들은 가난한 시절에 태어나 평생을 강도 높은 노동에 시달리며 살아왔지. 세월이 흐르고 나이가 들면서 이제는 온몸이 성한 곳이 없어. 하지만 그 시절에는 지금처럼 대화가 중요한 정서 문화가 아니었어. 남자는 생계를 책임지고, 여자는 가정을 돌보며, 아이들은 오로지 공부에만 매달렸던 시절. 그저 살아내는 것만으로도 벅찼던 때였거든.

그렇게 하루하루를 버텨내며 살다 보니, 가족 간에도 서로 속마음을 터놓고 이야기할 기회가 없었어. 대화는

삶을 지탱하는 도구가 아니라, 생존을 위한 최소한의 전달 수단에 불과했지.

소설 속 할머니는 평생 생계를 주도한 할아버지 앞에서 자신의 고충을 숨기며 살아왔어. 자식들에게조차 속마음을 내비치지 않았지. 고통이 쌓여가도, 그걸 말할 줄 모르는 세대였던 거야. 그렇게 마음을 꾹꾹 눌러 담다 보니, 지금에 와서는 표현하는 방법조차 잊어버린 듯해.

소설 속 할머니는 늘 자식 앞에서 말하지.

"몸이 아파… 온몸이 쑤셔."

그런데 정작 하고 싶은 말은 따로 있었어.

아프다는 말 뒤에 숨어 있는 건 외로움과 불안이었던 거야. 하지만 그 마음을 말로 꺼내지 못하지. 오랫동안 쌓인 감정들이 단단하게 굳어버려서 쉽게 풀리지 않는 거지. 겉으로는 통증만을 이야기하지만, 마음속에서는

누군가 자신의 고충을 알아주길 간절히 바라는 거야.

사실, 소설 속 할머니는 늘 생각하고 있었어.

'만약 내가 치매에 걸리면 어쩌지? 남편이 먼저 아프면 어떡하지? 자식들한테 폐만 되는 거 아니야?'

꼬리에 꼬리를 물고 이어지는 걱정.

'내가 남편 돌보는 게 힘들다고 말하면… 자식 내외가 나를 지겨워하면 어떡하지? 혹시 나도 예전에 시어머니를 싫어했던 것처럼, 내 자식도 나를 귀찮게 생각하면 어떡하지?'

이런 생각이 겹겹이 쌓여, 결국 소설 속 할머니는 아프다는 말만 되풀이하는 거야.

딸은 자신의 어머니에게 속마음을 묻곤 하지만, 할머니는 자신의 불안과 외로움을 털어놓았을 때, 돌아오는 반응이 상처라면 차라리 침묵하는 게 낫다고 생각해. 딸은 그런 어머니를 보며 무력감을 느끼지.

　사실, 딸도 어렴풋이 알고 있어. 어머니의 고통이 단순한 육체적 통증이 아니라는 걸. 그러나 딸이 할 수 있는 일은 많지 않아.

　모든 문제는 결국, 당사자가 해결해야 하거든.

　소설 속 할머니와 할아버지는 그 고단한 삶을 스스로 견뎌왔고, 딸 역시 그 희생 위에서 자신의 삶을 꾸려왔어. 하지만 결국, 각자의 삶은 개별적인 거야.

　서로를 걱정하고 보살핀다고 해도, 문제를 해결하는 건 온전히 개인의 몫이거든.

　딸이 아무리 이해하고, 공감한다 해도 어머니가 스스로 자신의 문제를 드러내고, 해결 방안을 함께 모색하자고 요청하지 않으면 어떤 변화도 일어나지 않지.

　소설 속 할머니도 알고 있어. 솔직하게 자신의 마음을 이야기해야 한다는 걸 알지만, 또 한숨을 내쉬며 생각하는 거야.

'내가 자식들한테 내 고충을 이야기한다고 뭐가 달라질까?'

이쯤에서 넌 어떻게 생각해?

내가 만든 소설 속 인물들에게 필요한 건 뭘까?

조금 다른 이야기지만, 난 고속도로 운전을 하다가 큰 사고가 날 뻔한 적이 있었어.

어쩌다가? 싶지.

초보 운전자로서 운전할 때 미처 사각지대를 보지 못했거든. 분명 백미러를 보면서 안전하다고 느끼고, 깜빡이까지 켜고 차선 변경을 했는데, 사각지대에 다른 차가 있었던 거야. 그 작은 공간 하나를 확인하지 않았을 뿐인데, 예상치 못한 충돌이 일어날 뻔했지. 실제 사고가 났다면, 어쩌면 너를 자식으로서 만나지도 못했을지도 몰라. 사람 사이의 관계도 마찬가지인 것 같아.

　보지 않으려 했던 감정, 들리지 않던 속마음은 대화의 사각지대에 갇혀 버리는 거야. 서로의 목소리가 전달되지 않고, 답답한 침묵만 남은 채 말이지.

　소설 속 할머니의 불안과 외로움도 그 사각지대에 숨겨져 있었던 거야.

　말하지 않으면 괜찮아질 거라 믿으며 회피했지만, 결국 그 작은 사각지대 속 불안과 외로움은 정신적 육체적 통증을 더 강화시키는 거지.

　운전 중에 사각지대를 보려는 작은 노력 하나가 사고를 막듯, 대화의 사각지대를 마주하려는 용기 또한 관계를 구할 수 있다고 믿어.

　비록 완벽한 해결책은 없더라도, 그 공간을 바라보는 순간부터 변화는 시작된다고 생각해. 그리고 그 변화는 결국, 고통을 겪고 있는 당사자인 할머니로부터 시작된다고 생각해.

너는 어떻게 생각하는지 궁금하네. 나는 소설 속 할머니가 자신을 지키는 방법은 대화의 사각지대를 인지하고, 작은 고개 돌림을 시도하는 것으로부터 시작된다고 생각해. 아마도 그건 우리 모두에게도 적용되는 이야기인 것 같아. 대화의 사각지대를 외면하지 않는 작은 용기, 그게 변화를 만드는 시작이니까.

#토핑 & 커스트마이징 문화의 뒷모습

풍요가 만들어내는 보이지 않는 불균형

　며칠 전, 친구랑 우연히 ♣웨이라는 샌드위치 매장에 들어갔어. TV 드라마에서 많이 본 매장이라 궁금한 마음에 둘러보는데, 뭔가 느낌이 낯설었어.

　줄을 서서 다른 사람들의 주문 방식을 지켜보다가,

　'어... 잘못 들어온 건가?' 싶은 생각이 들더라.

　고객들은 차례가 오면 하나씩 묻지도 따지지도 않고 자연스럽게 주문을 시작했어. 먼저 빵을 고르고, 사이즈를 선택하더니, 메인 토핑을 얹고, 거기에 추가 토핑까지 더하더라. 그뿐만이 아니야. 다양한 소스 중에 2~3가지를 섞어서 선택하고, 치즈나 베이컨, 미트(고기) 같은 추가 옵션도 고르더라고. 나는 다른 사람들의 주문 과정을 지켜보면서 심장이 두근거리기 시작했어.

　'내 차례가 오면 뭐라고 주문해야 하지?'

　머릿속이 하얘지면서 매장 상단에 붙어 있는 메뉴판을 뚫어지게 훑었어. 그때 '썹픽'이라는 메뉴가 눈에 들어

왔지.

'이게 뭐지? 알아서 다 해준다는 메뉴인가?' 싶더라.

그 덕분에 잠깐 숨을 고르고, 드디어 직원과 눈이 마주쳤어.

"썹픽 할게요!"

자신 있게 주문했지. 그러자 직원이 다시 물었어.

"어떤 썹픽을 주문하시겠어요?"

나는 또 멍해졌고, 결국 직원의 도움을 받아가며 겨우 주문을 마칠 수 있었어. 다 먹고 나니 뭔가 뿌듯하면서도 진이 빠지더라.

이 이야기를 후배에게 해줬더니 한참을 웃는 거야.

"언니, 저도 ♣웨이 샌드위치 좋아하는데, 언니들에겐 주문 방식이 좀 어려울 수 있어요."

그 말에 나도 웃음이 터졌지. 역시 요즘 방식에 익숙해지려면 아직 갈 길이 멀다 싶더라.

"아휴, 난 주문이 너무 복잡해서 두 번은 못 갈 것 같아."

그러면서도 궁금하더라. 그렇게 복잡한데도 왜 사람들이 줄을 설까?

"그렇게 번거롭게 하나하나 고르고 추가해야 하는데도 손님이 진짜 많더라? 그게 좀 신기했어."

후배가 빙긋 웃으면서 대답하더라.

"요즘 젊은 사람들은 자기 취향에 맞춰 재료를 선택하고 조합해서 자기만의 샌드위치를 만들어 먹는 걸 좋아해요. 요즘 트렌드로 말하면 토핑이랑 커스터마이징 문화죠."

"토핑? 커스터마이징? 그게 뭐야?"

내가 더 자세히 알려달라고 하자, 후배가 친절하게 설명해 줬어.

후배:

"토핑은 기본 베이스가 있고, 그 위에 뭔가를 더해서 나만의 스타일로 만드는 거예요. 주로 음식이나 커피 같은 데 많이 쓰이죠. 예를 들어, 아메리카노에 바닐라 시럽을 추가하거나, 아이스크림에 초콜릿 칩을 올리는 거, 그게 바로 '토핑'이에요."

나:

"아, 그러니까 주어진 기본에 원하는 걸 더해서 내 입맛에 맞추는 거구나."

후배:

"맞아요! 반면에 커스터마이징은 조금 달라요. 나이키의 'Nike By You'처럼 처음부터 아예 색상, 재질, 심지어 각인까지 다 설정할 수 있거든요. 신발뿐만 아니라 가구나 전자기기, 심지어 웹사이트 UI까지 내가 원하는 대로 바꿀 수 있는 게 커스터마이징이에요."

나:

"와, 그러면 토핑은 기본에 뭘 더하는 거고, 커스터마이징은 아예 처음부터 구조를 바꿀 수 있는 거네. 확실히 선택의 폭이 훨씬 넓겠다."

후배:

"그렇죠! 그리고 둘 다 내가 직접 선택하고 조합하는 거라서, 단순히 '사는 것'이 아니라 '만드는 경험'이 되는 거예요. 같은 메뉴라도 조합을 어떻게 하느냐에 따라 완전히 다른 결과물이 나오니까, 내 손으로 무언가를 창조하는 느낌이랄까요?"

나:

"재밌다. 같은 시대를 살아가는데도 이렇게 다른 문화가 있는지 몰랐네."

후배:

"저도 딸 덕분에 알게 됐어요."

나:

"그런데 이렇게 뭔가를 내 마음대로 더하고, 바꾸고 하다 보면 환경에는 좀 부담이 되지 않을까?"

후배:

"맞아요, 그게 단점이기도 해요. 특히 커스터마이징 한 신발이나 가구는 보통 소량으로 맞춤 제작하다 보니까 자재 낭비가 심하고, 공장 가동도 더 자주 하니까 에너지도 많이 쓰인다고 해요. 결국 탄소 배출도 더 늘어나게 된다고 하더라고요."

나:

"듣고 보니, 내 취향을 반영해서 만든 게 좋긴 하지만, 그게 지구한테는 좀 무거운 선택이 될 수도 있겠다."

후배:

"맞아요. 그래서 요즘은 환경 생각하면서 토핑이나 커스터마이징도 적당히 하자는 목소리도 있대요. 나만의 걸 만드는 것도 좋지만, 그게 남기는 흔적도 생각해 봐

야겠더라고요."

　나는 그날 후배한테서 새로운 문화를 배웠어.

　'아, 역시 젊은 사람들이랑 놀아야 해.' 하고 웃으면서 집으로 돌아왔지.

　그런데 돌아오는 길 내내 뭔가 마음 한편이 걸리더라. 토핑이나 커스터마이징 문화가 참 신선하고 멋지긴 한데, 문득 생각났어. 내가 이렇게 원하는 대로 고르고, 더하고, 마음껏 선택할 수 있다는 게 모두에게 당연한 일일까?

　다양한 선택이 가능하다는 건 자원이 풍족하다는 뜻이잖아. 그런데 지구 반대편에는 오늘 하루 마실 물조차 구하지 못해 헤매는 사람들도 있잖아. 그런 생각이 들자 마음이 무거워지더라.

　우리가 나만의 맞춤 취향을 위해 무언가를 선택하는 순간에도, 어딘가에서는 아무런 선택조차 할 수 없이 하

루를 버티는 사람들이 있다는 사실이 떠올랐어.

  그날 이후로 나는 뭔가를 주문할 때 토핑 하나를 덜어내기로 했어. 모든 선택에서 더할지 말지를 고민하기 전에, 덜어낼 수 있는 게 있을지를 먼저 생각해 보기로 했거든.

  물론 나의 작은 선택이 세상의 흐름을 바꾸진 못하겠지만, 적어도 내가 누리는 풍요가 누군가에게는 전혀 당연하지 않은 일이라는 걸 기억하고 싶었거든.

#소비는 취향을 보여준다

결제 내역이 내 가치관을 말해준다

> 현수는 단체 티셔츠 값으로 써야 할 만 원으로 피젯스피너를 샀다. 돈을 벌기 위해 심부름과 알바를 했지만 뜻대로 되지 않았다. 결국 할머니의 반려견을 잃어버렸다가 무사히 찾고, 책임의 의미를 배웠다.
>
> 『초등 문해력을 부탁해』 중 《용돈선생》

　내가 동화작가가 되기로 결심한 가장 큰 이유는, 잔소리 대신 이야기로 너와 소통하고 싶었기 때문이야. 비록 너는 이미 어른이 되었지만, 내가 쓴 단편 동화를 통해 나의 영원한 독자인 너와 이야기 나누고 싶어.

　첫번째 이야기는 『용돈 선생』이라는 단편 동화야.

　이 동화를 읽어보면, 할머니는 손자라고 해서 무조건 감싸주지 않아. 오히려 만 원을 꼭 갚아야 한다며 손자를 밀어붙이지.

　내가 이런 할머니 캐릭터를 만든 이유는, 약속과 신용이라는 것이 우리 삶에 얼마나 중요한지를 너와 어린이 독자에게 전하고 싶었기 때문이야.

　그런데 혹시 궁금하지 않니?

　왜 약속이라는 주제를 이야기하려고 하면서 굳이 돈이라는 소재를 꺼냈는지.

　동화를 쓸 때 가장 중요한 건,

"어떤 질문을 아이들에게 던질 것인가"를 먼저 고민하는 일이야.

동화는 아이들에게 질문을 건네는 이야기라고 생각하거든. 그 질문이 자연스럽게 주제라는 형식으로 드러나는 거고.

질문이 없다면, 동화는 그저 재미있는 이야기일 수는 있어도 아이들의 마음에 오래 남지는 않아.

약속이라는 질문을 꺼내기 위해, 나는 아이들이 매일 접하는 용돈이라는 구체적인 소재를 선택했어.

주제는 마음속 질문이고, 소재는 그 질문에 대한 답을 찾아가는 도구라고 생각해.

내가 용돈을 소재로 선택한 이유도 그래서야.

추상적인 교훈 대신, 아이들이 직접 만지고 경험할 수 있는 현실 속에서 약속의 의미를 느끼게 하고 싶었거든.

내가 어릴 때는 어린이는 순수해야 한다는 생각이 강

했어.

 어린이가 돈 이야기를 꺼내는 걸 꺼려했지. 돈은 몰라도 되고, 필요하면 어른들이 다 해결해줘야 한다고 여겼으니까. 하지만 지금은 생각이 달라졌어.

 어린이도 어릴 때부터 삶의 원칙과 선택의 의미를 배워야 해. 그래서 돈이라는 현실적인 소재를 빌려 아이들과 함께 약속과 신용이라는 큰 주제를 이야기하고 싶었단다.

 이제 어른이 된 너와는, 조금 더 깊은 돈 이야기를 해보고 싶어.

 돈은 단순히 통장에 찍힌 숫자가 아니야.

 그 숫자 하나하나에는 네가 어떤 선택을 했는지, 어떤 약속을 지켰는지가 담겨 있어.

 편의점 앞에서 커피를 살 때, 친구와 약속한 회비를 낼 때, 미래를 위해 적금을 넣을 때, 모두 네가 스스로 내린

'작은 선택'의 결과야.

 그렇게 쌓이는 선택들은 네 안에 고스란히 남아, 네가 어떤 삶을 원하는지, 어떤 사람이 되고 싶은지를 하나씩 쌓아가는 거지.

 그래서 돈을 다루는 건,

 내가 지금 무엇을 우선순위로 삼을까?

 내가 지키고 싶은 약속은 무엇일까?

 스스로에게 묻는 일이기도 해.

 나는 네가 어디에 가장 많은 돈을 쓰는지 궁금하기도 해. 돈을 소비하는 행위는 네가 네 삶과 맺은 약속이 어디에 있는지를 보여주는 지도니까.

 편하게 쓰는 돈,

 고민하며 아끼는 돈,

 모아두는 돈,

 기꺼이 베푸는 돈,

　그 모든 선택 속에는 "나는 어떤 사람이 되고 싶은가" 하는 마음의 답이 숨어 있다고 생각해.

　또한, 돈을 다루는 일은 결국, 타인은 물론이고 자기 자신과 맺은 약속을 매일매일 지켜나가는 일인 것 같아.

　그래서, 나는 네가 앞으로 돈을 소비하는 작은 선택들 속에서 너와의 약속을 소중히 지키며 너다운 삶을 만들어 가기를, 진심으로 바라고 응원한다.

#보이지 않는 내 편

말 없이도 버팀목이 돼주는 사람

> 숲 체험 중 언덕에 오른 아이는 잠들었다가 호랑이에게 꾸지람을 듣고 위협당한다. 동물들은 인간의 이기심을 비난하고, 아이는 장기 대결 중에 소나기를 틈타 간신히 탈출한다.
>
> 『초등 문해력을 부탁해』 중 《황금 여우비》

　동화 『황금 여우비』 속 주인공 '아이'는 호랑이와의 장기 대결에서 거의 이길 상황이었는데, 뱀의 훈수로 지고 호랑이에게 잡아먹힐 위기에 처해.

　뱀은 공정한 대결에 먹물을 튕기고, 주인공을 위험에 빠뜨리지.

　너도 혹시 이런 경험 있었니?

　규칙이 통하지 않고, 뱀 같은 사람이 나타나서 내가 공들인 노력을 모두 헛수고로 만들어 버리는, 그런 경험 말이야.

　나는 네가 어릴 때, 가능한 공정하게 너를 대우하려고 애썼어. 잘한 일에는 아낌없이 칭찬했고, 잘못한 일에는 그에 맞는 벌을 주려고 했지.

　예를 들면, 엄마 몰래 게임을 한 너에게 화장실 청소를 시켰던 일처럼.

　그게 너에게는 확실한 경고가 될 거라고 생각했어.

그런데 넌 이렇게 말했지.

"엄마 몰래 게임을 한 것과 화장실 청소가 무슨 상관이 있어요?"

당황한 나는,

"네가 제일 싫어하는 벌이니까, 다시는 그러지 않겠지"라는 말로 밀어붙였어. 나름 교육적인 의도여서 나도 당당했거든.

그러면 너는 또 말대꾸했어.

"그냥 엄마가 화장실 청소하기 싫으니까, 게임을 핑계로 나한테 시키는 거죠."

그쯤 되면, 내가 소리를 지르곤 했어.

"입 닥치고 청소해! '음식물 쓰레기 버리기'까지 추가하기 전에!"

상황이 그 지경까지 치닫고 있는데도 아빠는 우리를 보며 고개를 절레절레 흔들며 둘 다 한심하다는 표정을

지었어. 지금에서야 말이지만, 너와의 그런 실랑이를 방관하듯 지켜보는 아빠랑 부부싸움도 많이 했어.

　지금 돌이켜보면 그때의 나는 네가 싫어하는 일을 시키는 게 가장 효과적일 거라 믿었지만, 어쩌면 내 감정이 섞인 '편의적인 벌'이었을지도 모르겠어.

　너로서는 네가 한 잘못과 엄마가 내린 벌이 공정하지 않다고 느꼈을 수도 있겠다 싶어. 어쩌면 네 무의식 속에서 '세상은 꼭 공정하진 않구나. 가족 사이에도 권력이 있네.'라고 느끼며 내게 벌칙이 부당하다고 항변한 것은 아닌가 싶기도 해.

　그럼 지금 네가 있는 곳은 어때?

　이제는 엄마 아빠 울타리 밖에서 살아가고 있잖아.

　기숙사에서 룸메이트가 새벽까지 게임을 해서 네가 불편하다고 말하면 "예민하다"는 소리 듣진 않아?

　조별 과제를 밤새워 네가 다 해놓았는데, 팀원이라는

이유만으로 다른 친구도 같은 점수를 받을 땐 어때?

그런 날들이 쌓이면, 어쩌면 너는 이렇게 생각할지도 몰라.

'나는 규칙 안에서 최선을 다했는데, 권력을 가진 뱀 같은 존재가 판을 바꾸네.'

만약 어느 날 그런 생각이 찾아오면, 나는 네가 너무 공정함에만 매달려서 마음을 다치지 않았으면 해.

왜냐하면, 세상엔 뱀만 있는 게 아니니까.

장기판에서 주인공 아이가 울상을 지을 때, 훈수를 둘 순 없어도 조용히 옆을 지켜준 박새와 노루가 있었잖아.

그리고 무엇보다, 여우비를 만들어 도망갈 기회를 준 황금빛 여우도 있었지.

나는 믿어.

너의 삶에도 그런 '여우 같은 존재'가 분명히 나타날 거라고.

네가 알지 못하는 순간,

아무도 눈치채지 못하게

네 곁에 서서 널 도와줄 그 누군가가 있을 거라고.

삶이 늘 공정하진 않지만, 그렇다고 늘 불공정한 것도 아니야.

그러니 세상이 너를 조금 불공정하게 대하더라도, 너는 네 자리에서 너무 일찍 포기하지 않았으면 해.

어디선가 여우비가 내릴지도 모르잖아.

네가 지금 선 그 자리에서 포기하지 않고 묵묵히 버틴다면, 구름 한 점 없는 쨍한 하늘 아래, 마법처럼 쏟아지는 여우비가 너의 마음속 서러움을 모두 씻어줄 날이 분명 올 거야.

#용이 되려다 지친 너에게

성공의 정의를 다시 세우자

> 구렁이 미르는 왕이 된 사자에게 분노해 생쥐를 괴롭힌다. 죽을 위기의 생쥐는 여의주를 찾으면 용이 된다는 거짓말로 미르를 속이고, 미르는 이를 믿고 온갖 고난을 겪는다.
>
> 『초등 문해력을 부탁해』 중 《생쥐와 구렁이의 지혜 대결》

    내가 기억하는 참 행복했던 시간이 있어. 그중 일부는, 어린이집에서 아이들을 돌보던 3년의 시간 속에 담겨 있단다. 아이들의 말과 표정을 매일 마주하던 그 시절, 나는 순수함이라는 게 어떤 감정인지, 처음으로 깊이 느껴 봤어.

    그 아이들 중에 한 아이가 유독 마음에 남아. 이름은 이제 기억나지 않지만, 표정만큼은 선명하게 떠오른단다.

    그 아이는 '이무기 이야기'를 참 좋아했어. 용이 되지 못한 이무기의 이야기. 다소 철학적인 메시지를 담은 이야기였는데도 계속 들려달라고 졸랐지.

    "선생님, 이무기 그림도 보여주세요."

    나는 이무기 이미지를 하나 찾아 보여줬단다.

    그걸 본 아이가 갑자기 말했지.

    "나, 이무기 되고 싶어요!"

순간 웃음이 나면서도, 마음 한편이 조금 걱정됐어.

'이무기보다는 용이 되고 싶다고 해야 하는 거 아닌가?'

혹시 이 말을 부모님이 들으면 불편해하지 않을까 싶은 마음이었지. 하지만 이내 생각을 바꿨어.

'이건 지금 이 아이의 마음이니까.'

굳이 아이의 마음을 고쳐 잡을 필요는 없다고 느꼈어.

어차피 시간이 지나면, 자기가 이무기를 좋아했던 것도 잊어버릴 테니까.

난 그 아이의 마음을 있는 그대로 지켜보고 싶었단다.

하지만 얼마 지나지 않아서 아이의 어머니가 조심스럽게 부탁하셨어.

"앞으로 제 아이한테 이무기 이야기는 안 해주셨으면 좋겠어요."

나는 그 말을 듣고, 학부모의 마음을 곰곰이 생각해 봤

어.

 '왜 하필 이무기일까. 왜 우리 아이는 용이 아니라, 용이 되지 못한 존재에 끌리는 걸까? 아직 세상 물정도 모를 나이인데, 벌써부터 뭔가 "되는 존재"가 아니라 "아무것도 아닌 존재"에 마음을 주는 게 불편해.'라고 생각했을까?

 나도 아이를 키워본 부모로서, 그 마음을 모르는 건 아니어서, 조심하겠다고 한 적이 있어. 동시에 이런 생각도 들더라.

 왜 우리는 아직 '되는 중'인 존재를 불편하게 여길까?
 왜 '성공' 하지 않으면 아무것도 아닌 존재처럼 느끼게 되는 걸까?

 『생쥐와 구렁이의 지혜 대결』 동화에 구렁이 '미르'라는 캐릭터가 나와. 매번 숲의 왕이 되지 못한 미르는 결국 가장 약한 생쥐에게 분노를 쏟으며 이야기가 시작되

지. 그 모습은 SNS 속 '이미 용이 된 사람들'을 보면서, 우리가 괜히 작아지고, 초조해지고, 스스로를 부끄러워하게 되는 모습을 떠올리며 구상했어. 이어서, 화풀이 대상이 되어 죽을 위기에 놓인 생쥐가 살기 위해 내뱉은 거짓말.

"너도 용이 될 수 있어"

구렁이 미르는 그 말을 믿고 모든 걸 걸고 달려들지.

구슬을 물고 높은 나무에 오르고, 바다로 헤엄쳐 들어가고, 심지어 아궁이 속 불길에까지 몸을 던지지. 그 행동을 지켜보던 방울뱀 친구가 아무리 말려도 소용이 없었어.

미르는 '지금 이 고통만 견디면 언젠가 용이 될 거야'라는 말로 자신을 혹사시키면서 스스로 아궁이 속으로 기어들어가지.

나는 『생쥐와 구렁이의 지혜 대결』 이야기를 통해 내

독자에게 질문을 던져.

  왜 구렁이 미르는 초등학생이 들어도 말이 안 되는 시도를 하면서 스스로 고통을 쌓아가는 걸까?

  만일, 독자가 동화 속 미르에게 '너는 왜 그토록 용이 되고 싶었냐'고 인터뷰를 한다면, 구렁이 미르는 그 이유를 제대로 말할 수 있을까?

  아마도 말하지 못할 거야.

  처음부터 용이 되고 싶었던 것도 아니고, 그가 꿈꿨던 '용'이라는 존재도 사실 생쥐가 불어넣은 허상의 이미지였으니까. 돌이켜보면, 나 조차도 내가 만들어낸 구렁이 캐릭터 미르처럼 산 시절이 있었던 것 같아. 열심히 공부하고, 자격증 따고, SNS도 해보면서 남들처럼 뭔가 돼야 한다는 생각에 사로잡혀 있었던 적이 많았지.

  그런데 요즘은 문득, 그 아이가 왜 이무기를 좋아했는지 다시 생각해 보게 돼.

어쩌면 그 아이는 본능적으로 알고 있었던 건 아닐까 싶어.

"용이 되지 않아도 괜찮다."

그렇기 때문에 그 아이는 이무기를 좋아했던 건지도 몰라. 그 아이가 지닌 순수함이 오히려 진실을 꿰뚫어 본 건 아닐까 하는 생각도 들어.

되레 어른인 우리가,

특별한 존재가 되어야 한다며

아이들의 순수함과 지혜를 잃게 만들고,

자신을 혹사시키라고 부추겨온 건 아닐까 싶기도 해.

그래서 이제는 나도,

그 아이처럼 이무기를 좋아해 보려고 해.

용도 멋지지만,

이무기나 구렁이도 이 세상에 없어서는 안 될,

충분히 괜찮은 존재라는 걸 이제는 조금 알 것 같거든.

#뒤처진 게 아니라, 다르게 가는 중

꿈은 서툰 시작에서 싹튼다

> 줄베짱이는 나비가 되고 싶다는 애벌레를 만나 자신도 멋진 존재가 되고 싶어 여행을 떠난다. 다양한 곤충들을 만나고 돌아온 그는 비바람 속 애벌레를 지키며 노래하고, 결국 나비에게 최고의 존재라 불린다.
>
> 『초등 문해력을 부탁해』 중 《숲속 작은 탐험가, 줄베짱이》

    내가 초등학교 시절이었을 땐 "너는 장래 희망이 뭐니?"라는 질문을 참 많이 받았거든. 그때 나도 과학자, 선생님, 발명가 같은 여러 직업을 떠올리며 막연히 미래를 꿈꾸곤 했지. 하지만 그중에 '작가'가 되겠다는 생각은 한 번도 품어본 적이 없었어.

    그런데 어떻게 동화 작가가 되었냐고?

    내가 본격적으로 글을 쓰기 시작한 건, 네가 초등학교에 입학하던 무렵이야. 그 시절에 읽었던 책 중에 『화성에서 온 남자 금성에서 온 여자』라는 책이 있었는데, 여자와 남자가 얼마나 다른 방식으로 생각하고 느끼는지를 알려주는 책이었어.

    그 무렵 나는 아들을 키운다는 것이 생각보다 훨씬 어렵다는 걸 실감하고 있었고, 자식의 감정을 어떻게 이해하고 다뤄야 할지 몰라 막막했어. 그래서 그런 내용을 다룬 책들을 일부러 찾아 읽으려 했던 기억이 나. 하지

만 당시엔 아들 키우는 법이나 자식과 소통하는 법에 대해 조언해 주는 책들이 많지 않았어. 그래서 나도 시행착오를 많이 겪었지.

네가 초등학생이 되면서, 우리 사이엔 잦은 마찰이 생겼어. 그때 나는 말보다 글이 더 깊이 닿을지도 모른다는 생각을 하게 되었고, 그래서 너와의 소통 그리고 내 마음의 순화를 위해 글을 쓰기 시작했어. 그렇게 나의 동화 작가로서의 모험이 시작되었단다. 처음부터 어린이들의 마음을 울리는 훌륭한 동화를 써야겠다는 사명감도, 베스트셀러 작가가 되겠다는 뚜렷한 목표도 없었어. 그렇게 나는, 생각지도 못한 길 위에 올라섰어.

내 동화의 주인공, 줄베짱이처럼 말이야.

줄베짱이는 나비가 되겠다는 뚜렷한 목표를 가진 애벌레를 보며 부러움을 느꼈고, 그래서 무작정 자신의 꿈을 찾아 모험을 떠났지.

여행지에서 줄베짱이는 정찰 벌을 만났어. 그 벌은 꿀이 있는 장소를 꼬리 춤으로 동료들에게 알리는 특별한 능력을 가졌지. 줄베짱이도 그 춤을 흉내 내려 했지만, 날개가 있어도 하늘을 날 수 없다는 사실에 실망하고 말았어.

또, '꽃들의 정원사'가 되고 싶다는 무당벌레도 만났지. 무당벌레는 숲 속의 꽃들을 돌보는 자신의 역할에 뿌듯함을 느끼고 있었어. 그런 모습을 보며 줄베짱이는 주눅이 든 채 고향으로 돌아왔어.

그런 줄베짱이를 사마귀 친구가 유머스럽게 위로했어.

"실망하지 마. 나도 아직 최고로 멋진 사마귀가 못 됐어. 그래도 난 아무렇지도 않아."라고 말이야.

사실 나는 이 대사를 통해 줄베짱이에게, 너 그리고 나에게 전하고 싶은 말이 있었어.

그건 바로 '지금의 나를 있는 그대로 인정하며, 그런

여유를 스스로에게 허락해 보면 어떨까?' 하는 작가로서의 작은 속삭임이었지.

그런데 말이야, '집 나가면, 개고생이다'라는 말처럼 줄베짱이는 정말 아무것도 얻지 못한 채 집으로 돌아온 걸까? 사실은 그 반대야.

줄베짱이는 움직였기 때문에 꿀벌을 만났고, 무당벌레를 만났지. 그리고 그 여정 속에서 다른 누구의 방식도 아닌, 자기만의 방식으로 살아가는 법을 배운 거야.

어쩌면 너는 이미 눈치챘을지도 몰라.

줄베짱이는 자신만 몰랐을 뿐, 자기만의 특별한 힘을 갖고 있었거든. 꿀벌처럼 하늘을 날 수 없어서 '정찰 벌'은 되지 못했지만, 누군가 위험에 처했을 때 가장 먼저 뛰어가 도와주는 용기를 지녔어. 그래서 천적인 사마귀와도 친구가 된 거고.

무당벌레처럼 모두의 인정을 받는 뚜렷한 꿈은 없었지

만, 줄베짱이는 누군가의 곁을 조용히 지켜주는 존재가 되었지.

폭풍우가 몰아치고 누구도 함께 있어주지 않던 그 밤, 줄베짱이는 번데기 옆에 가만히 앉아 노래를 불렀어 마치 이렇게 말하듯이.

"무서워하지 마. 네 곁엔 내가 있어."

가만히 생각해 보면,

우리는 세상으로부터 자꾸만 확실한 목표와 뚜렷한 계획을 요구받는 것 같아.

어디쯤 가고 있는지, 무엇이 되고 싶은지 대답하지 못하면 뒤처진 것처럼 느껴지기도 하지. 하지만 줄베짱이는 말해.

꼭 나비가 되지 않아도 괜찮다고.

꼬리 춤을 추지 못해도 괜찮다고.

누군가의 눈에 띄지 않아도,

　누군가의 곁을 지키는 방식으로도 충분히 의미 있는 존재가 될 수 있다고.

#사랑해도 멀어질 수 있는 이유

사랑의 반대말은 무관심이 아니라 무지다

　새 학기를 앞둔 아영이는 옆집 소음과 강아지 짖음에 짜증나서 강아지를 괴롭힌다. 오빠 우람이가 말렸지만 상황은 오해로 번지고, 침묵한 오빠 덕에 아영이는 혼나지 않는다. 이후 아영이는 놀이터에서 위기에 처하고, 우람이가 나타나 구해준다.

『초등 문해력을 부탁해』 중 《가족의 힘》

『상상으로 그려본 짧은 시나리오 한 장면』

성인 아영이:
"오늘도 그냥 넘어가려고 했지? 나 혼자 이런 감정 끌어안고 있다는 거, 넌 신경도 안 쓰지?"
남자 친구 민수:
"(잠시 침묵)… 신경 쓰고 있어."
성인 아영이:
"그럼, 뭐라고 말 좀 해 봐! 뭘 어떻게 신경 쓰는지!"
남자 친구 민수:
"네가 너무 감정적으로 나오니까… 무슨 말을 해도, 더 화낼 것 같아서 말이 안 나와."
성인 아영이:
"봐봐, 또 내 탓하잖아. 난 싸우자는 게 아니라, 네 마음을 알고 싶은 거라고. 너한텐 내가 그냥 불편한 존재

야?"

남자 친구 민수:

"그런 거 아니잖아…"

성인 아영이:

"그럼 왜! 내가 화를 내야 겨우 대답해?

내가 너를 이렇게까지 흔들어야 네 마음을 알 수 있는 거야?"

남자 친구 민수:

"…그냥, 네가 화내는 걸 보면 내가 뭘 어떻게 해야 할 지 모르겠어서 그랬어."

성인 아영이:

"가만히 있는 너한테 나 혼자 소리 지르는 이 상황, 얼마나 외로운 줄 알아?"

위 시나리오 속 대화는 동화 속 캐릭터 아영이가 성인

이 된 후 남자친구와 다툴 때 어떤 방식으로 감정을 표현할지 상상해 본 거야.

한쪽은 서운함을 감정으로 꺼내 놓고, 다른 한쪽은 침묵으로 반응하지. 서로 감정을 표현하는 방식이 달라서 갈등이 깊어지는 거지.

어떤 사람은 조용히 마음을 정리하며 감정을 이어가려 하고, 어떤 사람은 말로 감정을 확인받고 싶어 해.

서로 감정 표현의 언어가 다르다 보니, 그 차이가 오해로 쌓이고 결국 마음까지 멀어지게 되는 거야.

내가 쓴 『가족의 힘』 동화 속에는 '아영이'라는 캐릭터가 나오는데, 이 친구는 부모님께 혼날까 봐, 자기 잘못을 숨겼어. 그런데 자기 대신 꾸중을 들은 오빠 '우람이'가 말도 없이 사라지자, 아영이는 갑자기 화를 내며 오빠를 찾으러 나서.

아영이는 잘못한 건 자기인데도 왜 오빠에게 화를 냈

을까?

그건 오빠가 사라졌을 때, 아영이 안에 숨어 있던 진짜 감정이 드러났기 때문이야.

'오빠는 항상 날 감싸줬으니까, 이번에도 괜찮을 거야.'

아영이는 그런 이기적인 기대를 하고 있었던 거지. 하지만 오빠가 사라지자, 그 순간 두려움과 후회, 외로움이 한꺼번에 밀려왔어.

'오빠가 날 미워하게 된 걸까? 나 혼자 남겨지는 건 아닐까?'

아영이는 사실 화가 난 게 아니었어. 무서웠고, 미안했고, 외로웠던 거지. 그런데 그 감정을 어떻게 말해야 할지 몰라서, 분노라는 방식으로 표현한 거야.

이런 감정 표현 방식은 어른이 되어서도 이어지는 경우가 많아. 성인이 된 아영이도 〈시나리오〉 속에서 여전

히 같은 방식으로 연인과 갈등을 겪게 되지. 속상하고, 걱정되고, 더 사랑받고 싶은 마음이 있는데도,

"왜 나한텐 신경도 안 써?" 같은 짜증 섞인 말을 꺼내게 되는 거야.

다시 말해 아영이는 자신의 감정을 말로 정확히 표현하지 않고, 상대가 알아서 내 마음을 헤아려 주길 바라는 거야. 그 기대가 충족되지 않을 때, 감정은 금세 분노로 바뀌게 돼.

반면, 아영이의 남자친구 민수는 감정을 조용히 처리하는 사람이야.

문제에 대해 생각은 하지만 말로 드러내진 않아. 그래서 아영이에겐 그 침묵이 외면이나 무시처럼 느껴졌던 거야. 그래서 아영이는 "뭐라고 말 좀 해봐!" 하고 소리치고, 민수는 '지금 말하면 서로 상처 줄까 봐' 라며 침묵하는 거지. 그 결과 두 사람은 점점 서로 멀어지고 있

다고 느끼게 되는 거고.

 이쯤에서 동화 속 '우람이' 이야기를 다시 해보자. 우람이는 자신이 하지도 않은 일을 뒤집어쓴 억울함, 그리고 부모님에 대한 신뢰가 깨진 충격 때문에 혼자 미끄럼틀 속에 들어가 조용히 감정을 삭이고 있었어.

 그 공간은 우람이만의 감정 은신처였던 거야. 우람이에겐 침묵이 회피나 포기가 아니라, 감정을 정리하는 방식이었던 거지. 하지만 이런 방식에도 단점은 있어.

 말하지 않고 감정을 오래 쌓아두면 마음속에 병이 생기기도 하고, 상대가 그 침묵을 무관심이나 냉담함으로 오해할 수도 있거든. 또, 적절한 시점에 표현하지 못한 감정은 "난 항상 참기만 해"라는 피해의식으로 바뀔 수도 있고.

 이처럼 감정은 단순히 표현 방식만의 문제가 아니라, 언제 어떻게 표현할지를 아는 균형의 문제이기도 한 것

같아. 아이든 어른이든, 감정을 스스로 정리해 말로 풀어내는 연습이 필요하고, 참아온 감정이라면 적절한 순간에 꺼낼 줄 아는 센스도 필요해 보여.

 감정을 표현하고 조절하는 힘은 결국 더 건강한 관계와 단단한 마음을 만드는 밑거름이 되니까.

#『고함쟁이 엄마』를 읽고

좋은 부모는 어떤 모습일까

[1]지철과 [2]제희 ; 실명을 바꾸었음

 엄마

나는 종종 "좋은 부모는 어떤 모습일까?"라는 질문을 스스로에게 던지곤 했어. 그런데 최근 우연히 예능 프로그램 하트페어링을 시청하다가, 이 질문에 대해 인상 깊은 대화를 들었어.

하트페어링에서 [1]지철과 [2]제희는 좋은 엄마의 조건에 대해 이야기를 나눴는데, 지철이라는 출연자가 한 말이 특히 마음에 와닿았어.

"잘 챙겨줄 것 같고, 그리고 감정적으로 대하지 않을 것 같아. 잘 타이를 것 같아. 잘 지도할 것 같고."

— 하트페어링 (채널A, 8화)

지철의 말처럼, 좋은 부모의 모습에는 단순히 잘 챙겨주는 것 뿐만 아니라, 감정적으로 흔들리지 않고 아이를 차분하게 지도할 수 있는 태도가 포함되어야 하지.

프로그램을 시청하면서 나도 내가 어떤 엄마였는지 돌아보게 되더라.

 엄마

솔직히 늘 너를 이성적으로 대하려고 노력했지만, 많은 순간 감정적으로 대하지 않았나 싶어.

좋은 부모란 아이를 대할 때 즉각적인 반응이 아니라, 상황을 이해하고 아이가 느끼는 감정을 공감하면서도 이성적으로 이끌어 주는 사람이겠지.

그런데 이런 태도를 갖추는 게 생각보다 참 어렵더라. 머리는 아는데, 정신줄을 조금만 놓치면 어느 새 감정적인 내 모습이 나타나거든.

그래서 부모가 아이를 대할 때 어떤 시선이 필요한지를 잘 보여주는 유타 바우어의 『고함쟁이 엄마』라는 그림책을 읽고 마음을 다독이곤 했어.

이 책은 나중에 네가 부모가 되면 꼭 선물해 주고 싶었던 책이야. 그림책 속 주인공은 아기 펭귄과 엄마 펭귄이야.

엄마 펭귄이 소리를 지르는 순간, 아기 펭귄의 머리,

 엄마

몸통, 날개가 우주까지 날아가 버리면서 이야기가 시작되지.

　이 장면을 읽는 순간 눈물이 날 뻔했어.

　아이 입장에서 부모란 거의 절대적인 존재거든. 자신의 생명줄을 쥐고 있는 존재나 마찬가지니까. 그런 절대적인 존재로부터 사랑받고 인정받을 때, 비로소 정서적 안정감을 느낄 수 있다는걸 아는데도, 너를 키우면서 소리를 많이 질렀으니까.

　그래도 변명을 하자면, 답답해서 그랬어.

　여하튼 『고함쟁이 엄마』를 읽고 나서야 비로소 깨달았어. 소리를 지르는 그 순간, 아이의 마음 한 조각이 멀리 날아가 버린다는 걸. 그 조각을 다시 모으는 건 생각보다 훨씬 어렵다는 것도 말이야.

　하지만 이 그림책에서 나는 희망을 보았어. 조각나서 우주로 날아간 아기 펭귄의 몸은 결국 다시 원래대로 돌

 엄마

아와.

  어떻게 그럴 수 있는지 궁금하지?

  아기 펭귄을 사랑하면서도 의도치 않게 상처를 준 엄마 펭귄이 아기 펭귄의 몸을 하나하나 찾아와서 꿰매주거든.

  그래서 나도 엄마 펭귄 따라 하기를 해봤어.

  너를 사랑하면서도 상처를 준 내가, 『읽기만 해도 복받는 톡』을 통해 흩어져 버린 너의 마음 조각들을 하나씩 다시 모을 수 있지 않을까 하는 생각이 들었거든.

가위바위보 하나 빼기

김현정

가위바위보 두 손을 흔들어

하나 빼기

엄마는 가위 나는 주먹

내가 이겼다. 내가 이겼어.

소원을 말해보렴

꾸중하는 말 빼고

힘내라는 말 더해주세요.

이기라는 말 빼고

즐기라는 말 더해주세요.

그거면 되겠니 뭔가 부족해 보여.

충분해요. 나를 믿어주는 엄마표 응원만 있다면

힘이 나지요. 든든한 엄마가 있으니까요

가위바위보 두 손을 흔들어

하나 빼기

산산산 문고 1

【읽기만 해도 복 받는 톡】

부제 :평범한 엄마가 건네는 C급 감성 톡 30개

초판 인쇄 | 2025년 7월 31일, 초판 발행 | 2025년 8월 7일

지은이 | 김현정

펴 낸 곳 | 산산산 출판사

등록번호 | 제 2024-000011호

주소 | 부산시 기장군 정관읍 구연방곡로 120

E-mail | heejong8621@gmail.com

펴 낸 이 | 곽희종 (인스타그램 mountain_khj)

ISBN | 979 11 991404 1 7

【가격 14,000원】

이 책에 사용된 이미지는 최문정 작가의 공예품을 바탕으로 ChatGPT를 활용해 제작되었습니다. 해당 이미지를 재사용하려면 반드시 저작권자 및 산산산 출판사의 사전 허락을 받아야 합니다.